Andreas M. Marlovits
Das Unmittelbare im Sport

DUV **Psychologie**

Andreas M. Marlovits

Das Unmittelbare im Sport

Psychologische Explorationen zum Sporterleben

Deutscher Universitäts-Verlag

Die Deutsche Bibliothek – CIP-Einheitsaufnahme

Marlovits, Andreas M.:
Das Unmittelbare im Sport : psychologische Explorationen
zum Sporterleben / Andreas M. Marlovits. – 1. Aufl.. –
Wiesbaden : Dt. Univ.-Verl., 2000
   (DUV : Psychologie)
   Zugl.: Hamburg, Univ., Diss., 2000
   ISBN 3-8244-4417-8

Gedruckt mit freundlicher Unterstützung von Dipl.-Psych. Marianne Küttner.

1. Auflage Oktober 2000

Alle Rechte vorbehalten
© Deutscher Universitäts-Verlag GmbH, Wiesbaden, 2000

Lektorat: Ute Wrasmann / Gereon Roeseling

Der Deutsche Universitäts-Verlag ist ein Unternehmen der
Fachverlagsgruppe BertelsmannSpringer.

Das Werk einschließlich aller seiner Teile ist urheberrechtlich geschützt. Jede Verwertung außerhalb der engen Grenzen des Urheberrechtsgesetzes ist ohne Zustimmung des Verlages unzulässig und strafbar. Das gilt insbesondere für Vervielfältigungen, Übersetzungen, Mikroverfilmungen und die Einspeicherung und Verarbeitung in elektronischen Systemen.

www.duv.de

Höchste inhaltliche und technische Qualität unserer Produkte ist unser Ziel. Bei der Produktion und Verbreitung unserer Bücher wollen wir die Umwelt schonen. Dieses Buch ist auf säurefreiem und chlorfrei gebleichtem Papier gedruckt. Die Einschweißfolie besteht aus Polyäthylen und damit aus organischen Grundstoffen, die weder bei der Herstellung noch bei der Verbrennung Schadstoffe freisetzen.

Die Wiedergabe von Gebrauchsnamen, Handelsnamen, Warenbezeichnungen usw. in diesem Werk berechtigt auch ohne besondere Kennzeichnung nicht zu der Annahme, dass solche Namen im Sinne der Warenzeichen- und Markenschutz-Gesetzgebung als frei zu betrachten wären und daher von jedermann benutzt werden dürften.

Druck und Buchbinder: Rosch-Buch, Scheßlitz
Printed in Germany

ISBN 3-8244-4417-8

Inhalt

1. Einleitung 1

2. Gegenstandsbestimmung 11

   2.1 Formen gesteigerter Wirklichkeitserfahrung in
       Bewegung und Sport 15
       2.1.1 Verschmelzung und Einverleibung 15
       2.1.2 Fließen (*flow*) 18
       2.1.3 Glück, Harmonie, Ganzheit 19
       2.1.4 Rausch, Ekstase, Erotik 21

   2.2 Die Verfassung des Unmittelbaren als Gegenstand
       der Untersuchung 25

3. Psychologische Theorien zum Unmittelbaren 33

   3.1 Das Unmittelbare aus phänomenologischer Perspektive ... 34

   3.2 Das Unmittelbare aus psychoanalytischer Perspektive 41

   3.3 Das Unmittelbare aus der Perspektive einer
       Handlungspsychologie 46

   3.4 Zusammenfassung der Explorationsergebnisse 50

4. Entwicklungspsychologische Fundierung des Unmittelbaren ... 52

   4.1 Das Gegenständliche in der phasenspezifischen
       Entwicklungsordnung 53

   4.2 Die Gestaltetheit (Morphologie) des Gegenständlichen ... 57

      Exkurs: Das Bonbonlutschen 61

   4.3 Zusammenfassung 67

5. Untersuchungen zur Struktur des Unmittelbaren 69

5.1 Theorie und Methode der Untersuchungen 73

5.2 Schifahren – das Unmittelbare in einer Handlungseinheit 81
    5.2.1 Begründung und Auswahl des Themas 81
    5.2.2 Verhaltens- und Erlebensbeschreibung 82
    5.2.3 Analyse 85

5.3 Das *flow*-Erleben als Form des Unmittelbaren 99

5.4 Leistungssport – das Unmittelbare in einer Wirkungseinheit 106
    5.4.1 Begründung der Auswahl des Themas 106
    5.4.2 Verhaltens- und Erlebensbeschreibung 107
    5.4.3 Analyse 109

5.5 Formel-1 – das Unmittelbare in der Zuseher-Verfassung 115
    5.5.1 Begründung der Auswahl des Themas 115
    5.5.2 Verhaltens- und Erlebensbeschreibung 116
    5.5.3 Analyse 117

6. Abschluß 123

Anhang 130

Literaturverzeichnis 133

1. Einleitung

Sport wirkt! - und das weltweit. Die vorliegende Untersuchung geht dieser vorerst einfachen Feststellung nach, indem sie sich die Frage nach der Wirkung stellt, die der Sport gemeinhin auf Menschen ausübt. Sie versucht zu ergründen, wie es „der Sport schafft", eine derart beeindruckende Breitenwirkung zu erzeugen. Die bewegende Wirkung umfaßt ja nicht nur den Bereich der sportlichen Aktivität, sondern ist bereits auch in der - „äußerlich" meist bewegungsarmen, „innerlich" nicht weniger bewegungsreichen - Form des Zusehens vorhanden.

Um die Frag-Würdigkeit der hier verfolgten Thematik zu verdeutlichen, soll mit einer befremdlichen Perspektive begonnen werden, indem einzelne Sportbereiche, reduziert auf eine „rein" äußerlich sichtbare Verhaltensebene, betrachtet werden. Von diesem etwas nüchternen Blickwinkel aus betrachtet, stellt sich nämlich die Frage, was denn gemeinhin so viel Spaß mache (also der seelische Mehrgewinn sei), wenn man etwa - um dieses bereits strapazierte und viel zitierte Beispiel zu nennen - zusieht, wenn 22 Männer hinter einem Ball herlaufen und versuchen, das runde Leder in einen viereckigen Rahmen zu befördern. Menschen, die diesem „Schauspiel" beiwohnen, neigen dazu, ihre Bewußtseinslage zu verändern. Sie beginnen zu toben, zu schreien, sich aufzuregen, anderen um den Hals zu fallen, gelegentlich auch sich zu prügeln. Der reduktionistische Blick eröffnet weitere Einblicke in das seltsame Treiben des Sports. Was fasziniert Menschen am Formel-1-Geschehen, dessen Verhaltensskelett in der Tatsache besteht, daß Autofahrer mit eigens konstruierten Autos so schnell wie möglich im Kreis fahren. Als nüchterner Betrachter kann man sich auch fragen, worin die Spannung, so es denn eine geben sollte, bei einem 30km-Schi-Langlaufrennen liegt, bei dem hauptsächlich die Anstrengungen der Athleten und ihre monotonen Bewegungen zu beobachten sind. In der Regel verläuft die Betrachtung solcher Rennen wiederum ohne Tobsuchtsanfälle, Schreiattacken oder Prügeleien unter den Zusehern.

Man muß sich diesen Sachverhalt als einen fragwürdigen nochmals gesondert vor Augen halten: Allein über die (medial vermittelte) Betrachtung von Sportereignissen vermag der Sport, Millionen von Menschen für kurze Zeit (z. B. ein einzelnes Sportevent) oder überdauernd (z. B. Bundesligasaison) - meist fesselnd - an sich zu binden. Laut UFA (1998) erreichte die Fußball-Weltmeisterschaft 1998 in Frankreich eine Reichweite von 23,49 Millionen Zusehern in Deutschland, was einem Marktanteil von 70% entspricht. Im selben Jahr verfolgten regelmäßig im Schnitt 14,09 Millionen Menschen die Bundesliga-Berichterstattung im Fußball, das Formel-1-Geschehen 11,83 Millionen Menschen. Neben diesen Top-Sportarten vermögen auch Veranstaltungen, die man mit leichtem Schmunzeln dem exotischen Bereich des Sports zurechnen möchte, Menschen medial zu binden. Die Weltmeisterschaft der Amateure in den lateinamerikanischen Tänzen erbrachte bei einer Einzelmessung der Reichweite den Wert von 1,6 Millionen Zusehern, immerhin etwas mehr als das French Open Finale '98 zwischen Moja und Corretja (1,59 Millionen)[1] und etwas weniger als der Curling-Wettkampf zwischen Kanada und Dänemark bei den Olympischen Winterspielen 1998.[2]

Neben dem Zusehen, das durch den Siegeszug der modernen Medien einen globalen Charakter erst ausbauen konnte, verstehen es die unterschiedlichsten *Bewegungsformen*, Menschen für sich einzunehmen. Als jüngstes Beispiel einer solchen Bewegungsart sei das Inline-Skaten genannt, das sich unaufhaltsam und weltweit Einlaß in die diversen Kulturen verschafft hat und jung wie alt zu begeistern versteht. Auch hier läßt sich fragen, worin denn der Spaß besteht, sich einige Rollen unter die Füße zu schnallen und sich in dieser durchaus nicht ungefährlichen Art fortzubewegen. Betrachtet man die Umsatzzahlen der Branche, ist nur schwer zu leugnen, daß es hier eine Bewegungsform meisterlich versteht, für sich zu werben.

In bezug auf andere Sportarten läßt sich ebenso nach dem fragen, was Menschen am jeweiligen Sporttreiben fasziniert. Was ist so spannend daran, hinter einem Fußball

---

[1] Messung am 07.06.1998 (Datenquelle: UFA, 1998).
[2] Alle Daten beziehen sich auf Zuseher in Deutschland Gesamt (Datenquelle: UFA, 1998).

herzulaufen und womöglich den Ball ins Tor zu befördern? Was am stundenlangen Joggen, bei dem die Monotonie des Bewegungsablaufs höchstens durch übermotivierte Vierbeiner aufgebrochen wird? Befremdlich erscheint es auch, wenn sich zwei Menschen auf einen Platz begeben, der durch ein Muster von weißen Linien eine bestimmte Geometrie erhält, und darauf, ausgestattet mit zwei „verlängerten Armen", einen meist gelben Ball hin und her schlagen.

Unter diesem sicherlich reduktionistischen, auf jeden Fall befremdenden Blick erscheinen sportliche Tätigkeiten seltsam skurril. Das reduzierte Herangehen macht deutlich, wie selbstverständlich man gewohnt ist, im Sport ein „Mehr" als nur den motorischen Akt zu sehen. Die vorliegende Arbeit setzt sich gerade dieses „Mehr" zum Inhalt, das bei jener lediglich auf das „Äußere" zentrierten Sichtweise spürbar wird.

Wendet man sich nun dem im Kontext von Sport und Bewegung auffindbaren Verhalten und Erleben im engeren Sinn zu, so stößt man auf ein wahres Sammelsurium an seltsamen und faszinierenden psychologischen Phänomenen. Etwa wenn Freizeitsportler von einer echten „Besessenheit" bezüglich ihres Sports berichten, und nach dessen Realisierung sich Arbeit, Freizeit und Familie unterzuordnen hätten. Für weniger Besessene sei etwa das tägliche Training ein wesentlicher Faktor, um sich wohlfühlen zu können. Seltsam paradox klingt es auch, wenn Sportler davon berichten, daß sie sich nach der sportlichen Aktivität körperlich total ausgepowert fühlen, aber dennoch den Eindruck hätten, sie wären „innerlich" gereinigt und wie neu geboren. Dann wiederum erfährt man, daß bei bestimmten sportlichen Tätigkeiten die Erfahrung des Fliegens sich einstellen könne, während man wiederum bei anderen von Gefühlen unendlichen Glücks und vitaler Freiheit erfaßt werde, und zwar in einer Art und Qualität, wie es andere Lebensäußerungen niemals hervorzubringen imstande sind. Folgt man solchen Erzählungen über das Sporttreiben, so drängt sich mit der Zeit der Eindruck auf, man hätte es beim Sport mit seelischen Seltsamkeiten und Paradoxien zu tun. Pauschal gesagt, scheint sich der Sport zwischen den Ausprägungen einer tiefgreifenden Ernsthaftigkeit – „die wichtigste Nebensache der Welt" - und einer skurril anmutenden Banalität zu bewegen.

Die klassische Sportpsychologie begegnete bislang der Frage nach der Wirkung des Sports unter den Prämissen der Motivations- und neuerdings wieder verstärkt der Emotionspsychologie. Beide Perspektiven setzen beim Menschen als Individuum an. Die Motivationspsychologie stellt sich die Frage nach den „Beweggründen" menschlichen Verhaltens. Motivation gilt dabei als „Sammelbezeichnung für alle *personinternen* Zustände und Prozesse, mit deren Hilfe versucht wird, das 'Warum' und 'Wozu' menschlichen Verhaltens zu klären" (Gabler, 1986, 65; Hervorh. Verf.).[3]

In der Absicht, die relevanten Zusammenhänge motivierten Verhaltens im Sport zu erforschen, orientierte sich die Sportpsychologie bislang primär am Sporttreibenden selbst, vorerst fokussiert auf den Leistungssportler, dann zunehmend verstärkt auf sog. Freizeit- und Gesundheitssportler. Als Erklärung auf die Frage nach dem ‚Warum?' konnten verschiedene Motive extrahiert werden, allen voran die thematische Trias des Leistungs-, Macht- und Aggressionsmotivs (vgl. Gabler, 1986; Janssen, 1995; Thomas, 1995). Der übermäßige Aufweis zahlreicher Motive veranlaßte einen so profunden Kenner der Materie wie Thomae (1944) bereits sehr früh, den inflationären Charakter des Motivationsbegriffs fest- und ihn damit auch in Frage zu stellen. Solche relativierenden Eindrücke führten u.a. zur Entwicklung von Meinungen, die auf diesen Begriff als Erklärungskonstrukt in Gänze verzichten wollten (vgl. Kelly, 1965).

Ähnliches ist in bezug auf die Emotionspsychologie festzustellen, in der die Auffassungen von einer mehr oder weniger großen Anzahl von Basisemotionen ausgehen und diese auf unterschiedlichen methodischen Wegen zu erforschen trachten oder die ihre Fundierungen in eklektischen bzw. konstruktivistischen Überlegungen haben (vgl. Blothner, 1993; Scherer, 1995). Im Kontext mit dem Themenkomplex des Sports werden Emotionen meist in bezug auf die Art des Zusammenhangs mit anderen Facetten eines Themenbereichs untersucht, so etwa zwischen Leistung und Emotionen oder Gesundheit und Emotionen (vgl. Nitsch & Allmer, 1995). Als einer der wenigen Sportpsychologen versucht Allmer (1995) in diesem Zusammenhang eine Erklärung

---

[3] Vgl. auch Graumann (1971), der Motivation als „dasjenige in und um uns [versteht], was uns dazu bringt, treibt, bewegt, uns so und nicht anders zu verhalten" (ebd., 1).

auf die Frage nach den Hintergründen der beeindruckenden Wirkung des Sports. Im Rahmen einer Untersuchung zu Extrem- und Risikosportaktivitäten stellt er resümierend in Anlehnung an soziologische Überlegungen fest, daß in diesen Aktivitäten „Erlebensräume aufgesucht [werden], um den Erlebnismangel der Alltagswirklichkeit auszugleichen und Emotionen freizusetzen, denen in der Alltags- und Berufswelt das sozialvermittelte Gebot der Kontrolle entgegensteht" (ebd., 88).

Als dritter wissenschaftlicher Fachbereich, von dem Antworten über die allgemeine Wirkung der sportlichen Bewegung zu erwarten wäre, könnte die Motorikforschung gelten, weniger die experimentell organisierte Motorikforschung, die sich ja dem Zusammenhang von Einzelelementen verschrieben hat und sich damit den Blick auf die Wirkung des Ganzen einer Bewegungsform beinahe zur Gänze versperrt hat, als vielmehr die qualitativ orientierte, im engeren Sinne phänomenologisch basierte Bewegungsforschung, deren originärer Anspruch im „Verstehen" derselben liegt (vgl. Thiele, 1990; Prohl & Seewald, 1995). Hier finden sich Analysen der Fortbewegung, wie sie in zahlreicher Form Schönhammer (1991) in seinem Buch „In Bewegung" oder aber auch Schierz (1995) in „Notizen zur Bewegungskultur" vorgelegt haben. Dennoch bleibt kritisch zu bemerken, daß sich die Bewegungsanalysen selten mit der Komplexität sportlicher Gesamtbewegungen beschäftigen, sondern oftmals - wie schon bei den Klassikern dieser Ausrichtung - relativ einfach strukturierte Bewegungsmuster aufweisen (vgl. Thiele, 1995, 69). Kulturbezogene Forschungsthemen wie etwa die Frage nach dem Ausdrucksgehalt und der Funktion von Bewegungsformen wie Inline-Skating oder Snowboarding für den aktuellen Entwicklungsstand unserer Kultur werden derzeitig weder in der Motorik- noch der traditionellen sportpsychologischen Forschung berücksichtigt.

Das zentrale Anliegen der vorliegenden Arbeit ist es, einen Beitrag zum Verständnis der Wirkung der sportlichen Bewegung als Phänomen der menschlichen Welt zu liefern. Sie wendet dazu das methodische Inventar einer qualitativen Bewegungsforschung an und versucht, einer psychologischen Gegenstandsbildung und Argumentation zu folgen. Wenn sie dabei nicht einzelne Motive oder Emotionen als Erklärungsletztheiten herausstellt, dann deshalb, weil sie einen Blick auf das *Funktio-*

nieren des Phänomens der sportlichen Bewegung und damit ihrer psychologischen Wirkungsweise werfen möchte. Wenn man so will, geht es ihr dabei um das *Rekonstruieren* der Bauweise oder die *Architektur* eines Phänomens, das deutlich Wirkung zeigt.

Mit dieser Ausrichtung ist eine für die sportpsychologische Forschungspraxis ungewöhnliche Richtung eingeschlagen, fokussiert diese Arbeit doch auf die Analyse eines Phänomenbereichs und nicht auf den Charakter oder die Persönlichkeit der jenen Bereich lebenden Menschen. Es soll also nicht um persönlichkeitsorientierte Forschungsfragen gehen (vgl. etwa Sack, 1982; Singer, 1986), sondern um den Versuch, zumindest in Ansätzen die *Figuration* (vgl. Elias, 1989) der Sportwirkung nachzuzeichnen. Sie erhofft sich damit auch, genauere Aufschlüsse über die „pathischen, sinnlichen Bezirke" (Röthig, 1990, 86) der sportlichen Tätigkeit zu erfahren, die üblicherweise von der quantitativ ausgerichteten Bewegungsforschung vernachlässigt werden. Es wird sich zeigen, daß jene *sinnlich-leiblichen*, im alten Bedeutungssinn des Wortes auch *ästhetischen* Aspekte sich als wesentliche und tragende Bestandteile für den Aufbau der Sport-Figurationen und der Sportwirkung darstellen.[4]

Die Wirkung des Sports kann nicht an sich untersucht werden. Um sich einer Erklärung darüber zu nähern, beschreibt die Arbeit folgenden Aufbau: Mit der Intention, den Gegenstand der Untersuchung genauer zu bestimmen, wendet sie sich jenen Inhalten des Sports zu, die immer wieder als Besonderes und Einzigartiges herausgestellt werden und von der (sport)psychologischen Forschung auch eingehend analysiert wurden. Gemeint sind jene seltsamen Bewußtseinszustände und Erlebensweisen, die sich im Umgang mit dem Phänomenbereich Sport einzustellen scheinen. So wird etwa von diversen Verschmelzungsakten, von Fließerlebnissen, von Ichkräftigenden Erfahrungen, die das „Selbstbewußtsein" zu stärken imstande seien, von Bewegungsräuschen und ekstatischen Verfassungen, von Momenten unendlicher Glückseligkeit und Gefühlen unbegrenzter Freiheit berichtet. Eine Vielzahl solcher

---

[4] Im Bereich der traditionellen Sportpsychologie gehen in letzter Zeit vor allem von Janssen Versuche aus, die Ästhetik-Diskussion wiederzubeleben (vgl. Alfermann & Stoll, 1999).

Beschreibungen läßt sich in wissenschaftlicher und auch in populärwissenschaftlicher Literatur nachlesen.[5]

Um also an die besondere Wirkung des Sports heranzukommen, werden jene Phänomene befragt, die von unterschiedlichen Seiten als das besonders Reizvolle am Sport bezeichnet werden. Das zweite Kapitel der Arbeit wendet sich diesen Phänomenen zu. In einer Auswahl werden vier Themengruppen besonderer Erlebensweisen, die durch die sportliche Tätigkeit evoziert werden, ausgewählt und genauer betrachtet. Namentlich sind dies die Erlebensweisen des Verschmelzens und Einverleibens, des Fließens (*flow*), des Glücks und der Harmonie, sowie diejenige von Rausch und Ekstase. Diese werden anschließend dahingehend untersucht, ob in ihnen eine sie verbindende Gemeinsamkeit aufzufinden ist. Eine die Gemeinsamkeiten zwischen den verschiedenen Erlebensformen vertiefende Analyse wird einen verbindenden Zug in einer kompletten seelischen Organisationsform erkennen, die aufgrund ihres die psychische Organisation umfassenden Charakters als eine *Verfassung* gekennzeichnet wird. Die genauere Bestimmung der Gestaltetheit dieser Verfassung, etwa durch die eigen-artige Subjekt-Objekt-Konstellation, führt zu ihrer terminologischen Bestimmung als einer *Verfassung des Unmittelbaren*. Mit dem Unmittelbaren als einem bestimmten Typ seelischer Verfaßtheit ist damit in einem ersten Schritt der Gegenstand der Untersuchung angedeutet.

Im dritten Kapitel werden verschiedene psychologische Theorien in bezug auf systematische Aussagen über den Gegenstand der Untersuchung, die Verfassung des Unmittelbaren, durchforstet. Zur Diskussion kommt die Phänomenologische Psychologie in der Prägung von Straus und seinen Ausführungen zum pathischen Kommunikationsmodus, Überlegungen zum psychologischen Verhältnis zwischen Subjekt und

---

[5] Um nur eines von zahlreichen Beispielen zu nennen: Die Neue Zürcher Zeitung berichtet in ihrem Sportteil vom 12./13. Juni 1999 mit dem Titel „Hurra, eine Röhre!" vom „Mythos" Wellenreiten auf Hawaii und läßt darin den mittlerweile in die Jahre gekommenen Surf-Crack Tom Nellis zu Worte kommen. „'Wenn du eine riesige Welle hinunterrast, sind deine Nerven bis zum Zerreißen angespannt. Du fühlst dich, als strömte Elektrizität durch deinen Körper. Denn du weißt: ein Fehler, dann gnade dir Gott. Wer dieses Gefühl einmal hatte, der ist für ein bürgerliches Leben verloren'" (Noga, 1999, 45).

Objekt aus dem Feld der Psychoanalyse, sowie die aus dem Kontext einer Handlungspsychologie stammende Konzeption der Handlungseinheit. Mit einer Zusammenfassung endet sowohl das Kapitel als auch die Gegenstandsbildung, aus der nun die These dieser Arbeit modelliert werden kann, die behauptet, daß ein wesentlicher Bestandteil der Wirkung des Sports in der Bereitstellung einer Verfassung des Unmittelbaren liegt. Indem man in Kontakt oder in Auseinandersetzung mit dem Phänomenbereich Sport tritt - sei es durch das aktive Sporttreiben, sei es durch das Zusehen bei Sportereignissen - werden generell Möglichkeiten zur Verfügung gestellt, die den Aufbau einer seelischen Organisationsform (Verfassung) möglich machen, die nach Formen und Prinzipien des Unmittelbaren gestaltet ist.

Die Untersuchung folgt dem Ansinnen, die aufgezeigte These weiter zu verfolgen, indem sie jene nachgezeichnete Verfassung weiter zu vertiefen sucht. Das vierte Kapitel widmet sich der Frage nach den Bedingungen der Möglichkeit einer solchen Verfassung, also der Perspektive, wie der Aufbau einer solchen Verfassung psychologisch überhaupt denkbar ist. Um dies zu ergründen, beschreitet sie einen entwicklungspsychologischen Weg, in dem sich insbesondere die Ausbildung und Entwicklung des Gegenständlichkeits- oder Objekt-Konzepts für den verfolgten thematischen Zusammenhang als bedeutungsvoll erweist. Mit den Ausführungen zu dieser Thematik, die sich primär auf die psychoanalytische Entwicklungstheorie stützen, wird damit zugleich eines der Anliegen dieser Arbeit eingelöst, nämlich einen kleinen Beitrag zur Relevanz psychoanalytischen Denkens für ein psychologisches Verstehen des Phänomenbereichs Sport zu liefern, *ohne* dabei in eine mit dieser Theorie leicht mögliche Pathologisierung des Gegenstandsbereichs zu geraten. Vielleicht ist hier der richtige Ort, um festzustellen, daß trotz Skurrilität und Paradoxie des Sports, die sich unter einer reduktionistischen Betrachtung einstellen, keine Abwertung verbunden ist, sondern damit - ganz im Gegenteil - der faszinierende Charakter einzelner Sport-Figurationen in ihrer Einmaligkeit gewürdigt werden soll.

Im fünften Kapitel wird versucht, die Struktur der Verfassung des Unmittelbaren zu skizzieren. Dies geschieht auf der empirischen Grundlage von drei psychologischen Untersuchungen zu jeweils unterschiedlichen Einheitsbildungen. Den Gegenstand der ersten Untersuchung bildet der *Handlungsablauf einer Tiefschneefahrt,* an deren Verlauf die Herstellung bzw. Produktion der Verfassung des Unmittelbaren nachvollzogen wird. Um der Frage nach den Konstruktionsbedingungen (der Architektur) dieser Verfassung nachgehen zu können, werden die Ergebnisse der Studie zum Schifahren mit den zentralen Erkenntnissen über *die strukturellen Bedingungen von flow-Erlebnissen* in einen Austausch gebracht. Ziel dieses Vergleichs ist eine Vertiefung der Erkenntnislage der strukturellen Zusammenhänge in bezug auf die Verfassung des Unmittelbaren.

Um den übergreifenden Charakter der Verfassung des Unmittelbaren als Erklärungszusammenhang für die Frage nach der beeindruckenden Wirkung des Sports herauszustellen, verfolgt die zweite Studie nicht den aktuellen Vollzug einer sportlichen Bewegung, sondern die Untersuchung einer Einheit, die sich über einen längeren Zeitraum wirksam aufrecht erhält und für Menschen auch attraktiv erscheint. Realisiert finden sich diese Bedingungen in der *Wirkungseinheit Leistungssport.* Und auch für sie gilt die These, daß sich mit dem Leistungssport eine überdauernde Wirkungsform etablieren kann, deren Attraktivität für die Aktiven vor allem aus der Art ihrer Gestaltetheit resultiert, die maßgeblich durch die Logik einer Verfassung des Unmittelbaren geprägt ist.

Die dritte Untersuchung wendet sich dem *Erleben von Zuschauern* bei einem Sportereignis zu. Als Zuschauer wird die aktive Position des sportlichen Tuns verlassen. Man kann nun allerdings nicht sagen, daß das Zusehen weniger aktiv oder gar passiv sei. Die Aktivität zeigt sich im Zusehen in Form einer nicht nur „inneren" Teilnahme, die in der Regel ein recht ordentliches Maß an Verhaltensäußerungen impliziert. Mit der Untersuchung des *Erlebens des Formel-1-Renngeschehens* wird die Absicht verbunden, ansatzweise zu skizzieren, inwieweit die Wirkung dieses Geschehens auch auf eine Form des Unmittelbar-Werdens zurückzuführen sei.

Wenn in der Abhandlung immer wieder vom Gegenständlichen die Rede ist, dann im Sinne eines für das Verhalten und Erleben relevanten (Ent-) Gegenstehenden, das als Material in Dingen, Personen oder auch nicht-materiell in Form von Gefühlen, Beziehungen oder Vorstellungen gegeben sein kann. Die Begrifflichkeiten der Verfassung und des Unmittelbaren werden im Laufe der Arbeit genauer bestimmt. Es sei aber bereits an dieser Stelle angeführt, daß es sich bei der Verfassung des Unmittelbaren um eine spezifische Modalität seelischer Organisation handelt, in der die Wirklichkeit erfahren wird. Das Thema dieser Arbeit ließe sich also zusammenfassend mit der Absicht beschreiben, Struktur und Funktionieren einer seelischen Organisationsform nachzuzeichnen, die ihre Referenzen in Formen des Unmittelbaren findet. Darüber hinaus will sie einen Beitrag zu einem psychologischen Verständnis der beeindruckenden Wirkung des Sports liefern.

2. Gegenstandsbestimmung

Die Grundlage der folgenden Ausführungen bildet die wissenschaftstheoretische Annahme, daß die Psychologie wie jede andere Wissenschaft auch ihren Gegenstand selbst zu bestimmen bzw. zu konstruieren hat. Der Gegenstand einer Wissenschaft stellt ein methodisch-theoretisches Konstrukt dar, in dem nicht bloß einfach „Gegebenes" aufgegriffen und thematisiert wird, sondern der Gegenstand als solcher herausmodelliert und *gebildet* werden muß. Bei einem solchen Verständnis besteht prinzipiell die Möglichkeit, neue Fragestellungen und Phänomene in das Blickfeld einer spezifischen Forschungsrichtung zu rücken (vgl. Salber, 1988, 171).

Ins Blickfeld der vorliegenden Fragerichtung nach dem Hintergründigen der Sport-Wirkung werden nun Phänomene gestellt, die in den letzten Jahren in Verbindung mit Analysen zum Bewegungs- und Sporterleben vornehmlich von der psychologischen und sportwissenschaftlichen Forschung aufgegriffen und untersucht wurden. Gemeint sind jene teils bewußtseinsstarken, teils nur schwer beschreibbaren Phänomene, die sich im Kontext von Sport oft wie von selbst einstellen. So etwa die Erlebnisse des Verschmelzens, des Fließens, des Rausches oder der Ekstase, die allesamt im Bereich des Sporterlebens aufzufinden sind. Gegenüber der konventionellen Wirklichkeitserfahrung stellen der Sport und das Bewegungserleben ein „Mehr" und „Anders" zur Verfügung, das zu konsumieren für gewöhnlich dem Individuum als besonders reizvoll erscheint. Dies behaupten zumindest Auffassungen, die in der (sportbezogenen) Aktivität und dem Handlungsvollzug selbst genügend Attraktivität und Erlebniswertigkeit ausmachen, um ausreichend Motiv für deren andauernde Wiederholung und sogar Steigerung zu bieten.[6]

Auch der vorliegenden Untersuchung dient der Gedankengang dieser im Sport evozierbaren besonderen Erlebensweisen als Rahmen. Sie versucht aber nicht, bei der

---

[6] Vgl. u.a. Balint (1994); Csikszentmihalyi (1985); Semler (1994).

(er)nüchtern(d)en Feststellung stehenzubleiben, daß etwa „Extrem- und Risikosportaktivitäten aufgesucht werden, um bestimmte Erlebnisqualitäten zu erfahren" (Allmer, 1995, 83). Ernüchternd ist diese Feststellung insofern, als sie einen Blick freigibt auf die Prioritätenlage seelischer Konstitution, die scheinbar nur nach ein wenig Glück, Rausch und Ekstase giert und sich darin selbst genügt. Die Motivation zum Sporttreiben wäre dann in einem extrem selbstbezogenen, um nicht zu sagen egozentrisch-narzißtischen Motivgrund zu suchen, dem es um nichts anderes geht, als die sportliche Bewegung zu einer Art seelischer (Erlebens-) Selbstbefriedigung zu nutzen. Zumindest in bezug auf diese Gruppe von sportartspezifischen Bewegungen wäre deren Einsatz in der Schule in Frage zu stellen.

Nüchtern bleibt jene Feststellung vom Erfahren bestimmter Erlebnisweisen dann, wenn sie als letztgültige Erklärung verstanden und nicht weiter vertieft wird. Vertiefen bedeutet, sie in Beziehung zu einem psychologischen Verständnis und Bild von der *Bauweise des Psychischen* zu stellen. Daß im Sport bestimmte Erlebnisweisen gesucht werden, scheint auf der Hand zu liegen und erklärt letzten Endes nicht viel, auch nicht, wenn man jenes Gesuchte quantifiziert und kategorisiert. Zu erklären hieße vielmehr, diese durch die sportliche Aktivität evozierbaren Sonderformen des Erlebens so zu beschreiben, daß ihr Entstehen und strukturelles Funktionieren einsichtig und damit psychologisch verstehbar werden, womit die Hoffnung verbunden wäre, dem Warum der Wirkung des Sports auf psychologischem Wege näher zu kommen.

Auf der anderen Seite deutet sich in der Aussage, daß - hier am Beispiel des Extrem- und Risikosports - bestimmte Erlebensqualitäten gesucht und erfahren werden, ein recht provokantes Verständnis der Sachlage an, das hier kurz angerissen werden soll. Zum einen betont die Feststellung von der Suche und Erfahrung bestimmter Erlebensqualitäten die zentrale Bedeutung des Erlebens für das Gesamt des Psychischen, womit sie dem Handeln als „Zentraleinheit" (Nitsch, 1986, 188) der psychologischen Gegenstandsbildung einen zumindest ebenbürtigen Gegenstandsbereich hinzugesellt. Zum anderen stellt sie grundsätzlich die Annahme bestimmter Motivationen als seelischer Beweggründe in Frage, behauptet sie doch, daß die zentrale Grundlage jeglichen motivierten Tuns - hier eben am Beispiel des Risiko- und Extremsports aufgezeigt und einmal als Gedankenexperiment auf den gesamten Bereich des Sports ausgeweitet - in einem bestimmten Erleben zu suchen sei. Indem also Macht angestrebt, Leistung erbracht oder Geselligkeit gesucht wird, um nur drei traditionelle Motivkategorien der Sportpsychologie zu nennen, geht es eigentlich nicht um die Realisierung dieser Motive an sich, sondern um das in ihrer Realisierung liegende Erfahren „bestimmter Erlebnisqualitäten". Mit einem solchen erweiterten Gedanken befindet man sich in der Nähe von Auffassungen, die dem traditionellen Verständnis von Motivationen wenig Erkenntniskraft zubilligen bzw. die allein im Werden und Vergehen von Gestalten als Wirklichkeitsbehandlung das Motivationale des seelischen Systems erkennen.[7]

Um den Gegenstand der Untersuchung nun genauer bestimmen zu können, sollen im folgenden psychologische Aussagen und Abhandlungen zum Phänomenbereich „Mehr" und „Anders" gesammelt werden, die sich im Kontext der Bewegung und des Sports auffinden lassen. Mit dieser Zusammenschau soll zudem ein kurzer Einblick in die Vielfalt der verschiedenen Erlebensformen gesteigerten Wirklichkeitserlebens möglich werden, so wie es eben immer wieder vom aktiven Sporttreiben bzw. Zusehen bei Sportereignissen berichtet wird. Natürlich können in diesem Zusammenhang nicht sämtliche diesem Themenbereich zuzurechnenden Abhandlungen berücksichtigt werden. Es sollen aber wichtige Qualitäten auf einer beschreibungsnahen Ebene zur Sprache gebracht werden, die in wissenschaftlichen Untersuchungen zur Motorik - sei es das sportartspezifische Bewegen oder das Sich-Bewegen im Rahmen alltäglicher Handlungen - immer wieder als herausragende Erlebensformen benannt werden.

Wie bereits angedeutet, liegt der hier getroffenen Auswahl als ein wesentliches Kriterium das der Beschreibungsnähe empirischer Daten zugrunde. Zahlen lassen sich interpretieren, geben aber neben ihrem feststellenden Charakter des Ausprägungsgehalts diverser Dimensionen relativ wenig preis über die Ausgestaltung konkreter Er-

---

[7] Vgl. dazu die Überlegungen von Kelly (1965), Salber (1989).

lebensweisen gesteigerter Wirklichkeitserfahrungen. Und genau dies, das Wie des Erscheinens (Phänomenalen), bildet den Interessenskern und stellt somit ein Auswahlkriterium dar. Beschreibungsnähe liefern meist Untersuchungen, die sich an der Leitlinie einer qualitativen Forschungsstrategie orientieren.

2.1 Formen gesteigerter Wirklichkeitserfahrung in Bewegung und Sport

2.1.1 Verschmelzung und Einverleibung

In seinem Buch „In Bewegung" stellt Schönhammer (1991) im Kontext verkehrswissenschaftlicher Fragestellungen unterschiedliche Erlebensformen vor, die mit diversen Tätigkeiten der Fortbewegung verbunden sind. Ausgehend von einem „Bekenntnis zur Phänomenologie" (ebd., 27) als wissenschaftlichem Referenzsystem geht es ihm vor allem darum, „das 'Wesen', moderner 'Strukturen', 'Bedeutungen' von alltäglichen und weniger alltäglichen Erfahrungen aufzuweisen" (ebd., 29). So untersucht er in phänomenologischer, d. h. beschreibender Art und Weise alltägliche Bewegungsformen wie z. B. Zugfahren, Autofahren, Motorradfahren, Gehen und Radfahren.

In den einzelnen Analysen stellt Schönhammer immer wieder einen Zusammenhang heraus, der in seiner Charakteristik ein Zusammenkommen vormals disparater Elemente aufweist. In Anlehnung an die Berichte seiner Versuchspersonen nennt er diese Erfahrung „Verschmelzung". Wenn er etwa das Autofahren oder das Fliegen mit einem Flugzeug untersucht, stellt er als zentrale Erlebensform heraus, daß diese Tätigkeiten durch einen Vorgang des Verwachsens oder Zusammenschmelzens von Fahrer/Auto und Pilot/Flugzeug gekennzeichnet sind (vgl. ebd., 68f. und 168f.). Beim Fahrradfahren verschmilzt der Radfahrer mit der Umwelt, was sich im Erleben einer „Umweltnähe" bemerkbar mache (ebd., 234).[8] In bezug auf das Motorradfahren spricht er sogar von einem „symbiotischen Erleben der Beziehung zum Motorrad" (ebd., 200), worin die einzelnen Teile, der Fahrer und das Motorrad nicht mehr als Unabhängige, geschweige denn als Getrennte verstanden werden dürfen. Beim Motorrad wäre dies als ein Zusammenwachsen extrem divergenter Konstitutionen, wie

---

[8] „Das Bad im Fahrtwind vermittelt dem Radfahren typischerweise den Charakter eines Verschmelzungserlebnisses..." (Schönhammer, 1991, 234).

sie das Belebt-Menschliche und Unbelebt-Maschinenhafte darstellen, zu einer neuen, untrennbaren Einheit zu verstehen.

In Anlehnung an soziologische Analysen beschreibt Schönhammer den *Vorgang* des Verschmelzens als einen Prozeß, in dem durch ständiges Üben vormals getrennte Aktivitäten - beim Autofahren etwa die „Detailthemen" Lenken und Schalten - zu einer gemeinsamen werden. Es käme dabei in zunehmendem Maße zu sog. „'Detailverschmelzungen', d.h. die Aufmerksamkeit springt nicht mehr von Detailthema zu Detailthema, sondern Thema ist nun das Fahren insgesamt geworden" (ebd., 167f).

Durch kontinuierliches Üben und andauernde Integrationsleistungen von Einzelelementen des Geschehens werde das Autofahren zu einer runden Sache, die dem Bewußtsein ein immer größeres Maß an Entlastung verschaffe, so daß es sich dann auch anderen Dingen wie etwa der Wahrnehmung von nicht unmittelbar zum Fahren selbst gehörenden Perzeptionen oder auch Tagträumen hingeben könne.

Mit Blick auf die Erfahrung des Gegenständlichen, im Beispiel des Fahrzeugs, hebt Schönhammer hervor, daß sich im Rahmen der zunehmenden Habitualisierung das Gegenständliche (Fahrzeug), also das Ding, an und mit dem etwas getan wird, nicht mehr als ein Gegenständliches im Sinne eines Gegenüberstehenden wahrgenommen wird, sondern daß es zu einer Art „Mitgegebenheit" wird. Die beschriebene Bildung einer (phänomenalen) Einheit von Subjekt und Objekt, von Fahrer und Fahrzeug, müsse daher als eine Art „Einverleibung" (ebd.) verstanden werden, die sich (beinahe) immer im Gebrauch bzw. Beherrschen eines Geräts einstelle. Als entscheidend an dieser „Leib-Werkzeug-Einheit" (ebd., 68) sei ein Wandel auszumachen, ein Wandel des Verhältnisses des Subjekts zum Objekt. [9]

---

[9] Mit Blick auf das besondere Verhältnis zwischen Auto und Männlichkeit stellt Schönhammer (1999) einen charakteriologischen Bezug zur „Identitätskonstruktion" des Mannes her und der „intensiven Verschmelzung des Geräts (des Automobils) mit dem Körper auf *präreflexiver Ebene*" (ebd., 183). Neben dem Hinweis auf das identitätsstiftende Moment sei besonders auf die Aussagen Schönhammers über die präreflexive Ausgestaltung der Konstruktion hingewiesen, ein Sachverhalt, von dem im Laufe der Abhandlung öfters zu berichten sein wird.

Auch andere Autoren führen das Verschmelzen bzw. die Einverleibung in ihren Analysen an. So bestimmt etwa Csikszentmihalyi in seinen Arbeiten zum *flow*-Erleben das Verschmelzen von Handlung und Bewußtsein (vgl. Csikszentmihalyi, 1985, 61ff.) oder von Aktivität und Aufmerksamkeit (vgl. Csikszentmihalyi, 1995a, 47) als eines der zentralen Strukturmerkmale von *flow*. In der bereits zitierten empirischen Arbeit zum Phänomen des Extrem- und Risikosports kann Allmer (vgl. 1995, 85f) ebenso das Verschmelzen von Handeln und Bewußtsein (als *flow*-Erleben) des Extremsports als eine wichtige Bedingungsgröße des Extremsports nachzeichnen. Prüfer (1998) bezeichnet die Relation zwischen Tennisspieler und Tennisschläger als eine, in der das Werkzeug (Schläger) dem guten Spieler einverleibt sei (vgl. ebd., 270). In bezug auf die Regulationsvorgänge beim Üben im Sport beschreibt bereits Kohl (1956) ein „Verwachsensein" des „anschaulichen Umfelds" mit dem „anschaulichen Körper-Ich". „Umfeld und Ich werden zusammen als Einheit erlebt" (ebd., 87). Ebenso im sportpsychologischen Kontext thematisiert Ennenbach (1991) im Zusammenhang mit der Frage nach der gegenseitigen Bedingtheit von Bewegung und Wahrnehmung das Verwachsensein bzw. Verschmelzen von Subjekt und Gegenständlichem. In ähnlicher Weise sprechen auch Leist und Loibl (1984) von einer „Ich-Umfeld-Verflechtung im Handeln" (ebd., 277).

Bereits Viktor von Weizsäcker (1968) charakterisierte das spezifische Verhältnis von Ich und Welt mit seinem Begriff der „Kohärenz", worin er Qualitäten des Verklebt- bzw. Verschmolzenseins logifiziert.[10] Dies zeigt auch die Abhandlung von Straus (1956), der jenes ausdrücklich als ein Verhältnis eines Totals bestimmt.[11] Die Liste der theoretischen Aussagen könnte an diesem Punkt leicht verlängert werden, etwa durch die frühen Veröffentlichungen psychoanalytischer Autoren, die in ihren entwicklungspsychologischen Forschungen das originäre Verhältnis der werdenden Person mit der Umwelt zu bestimmen suchten bzw. durch die jüngsten Forschungsergebnisse der neueren Säuglingsforschung.[12] Den Phänomenen der Verschmelzung und der

---

[10] Vgl. hierzu auch die Abhandlungen von Tiwald (1996a; 1997).
[11] Vgl. hierzu Marlovits (1993).
[12] Vgl. hierzu etwa Stern (1992) oder Petzold (1993c).

Einverleibung als Ausweis eines veränderten Subjekt-Objekt-Bezugs wurde also von Seiten der Forschung bereits in größerem Maße Aufmerksamkeit geschenkt.[13]

2.1.2 Fließen (*flow*)

Sogenannte Erlebnisse des Fließens, also Momente, in denen Tun und Bewußtsein unterschiedslos (in) eins sind, wurden vor allem durch Csikszentmihalyi (1985; 1995) untersucht und populär gemacht. Mit *flow* bezeichnet Csikszentmihalyi ein „holistisches Gefühl" (Csikszentmihalyi, 1985, 58), ein besonderes Erleben, „welches im 'Alltagsleben' nicht zugänglich ist" (ebd.). An Untersuchungen zu Tätigkeiten wie Tanzen, Basketballspielen, Klettern im Fels, aber auch Schachspielen und der chirurgischen Tätigkeit bestimmt Csikszentmihalyi *flow* als einen Zustand, in dem ohne bewußtes Zutun des Akteurs „Handlung auf Handlung" (ebd., 59) folgt, und zwar nach einer „inneren", d.h. eigenen Logik. Der Handelnde „erlebt den Prozeß als ein einheitliches 'Fließen' von einem Augenblick zum nächsten, wobei er Meister seines Handelns ist und kaum eine Trennung zwischen sich und der Umwelt, zwischen Stimulus und Reaktion, oder zwischen Vergangenheit, Gegenwart und Zukunft verspürt" (ebd.).

Als wesentliche Bestimmungsstücke des *flow*-Erlebens werden neben dem Verschmelzen von Handlung und Bewußtsein die Zentrierung der Aufmerksamkeit auf ein beschränktes Stimulusfeld, die Selbstvergessenheit, der Eindruck von Kontrolle über die eigene Handlung und die Umwelt, die durch ein relatives Gleichgewicht zwischen Aufgabe und Können entsteht, sowie das Vorhandensein eindeutiger Rückmeldungen an die handelnde Person und der autotelische Charakter genannt (vgl. ebd., 63ff). Tritt ein *flow*-Zustand ein, in dem alle Wesenszüge erfüllt sind, gehen „Bewußtsein ... und das Selbst - das während der *flow*-Phase in den Hintergrund tritt - ... gestärkt daraus hervor" (Csikszentmihalyi, 1995a, 48).

---

[13] Vgl. zur Thematik des Verschmelzens und Einverleibens die leib- und bewegungstheoretischen Arbeiten von Gehlen (1962), Marcel (1954), Merleau-Ponty (1966), Plessner (1983), Sartre (1962), Schmitz (1989) und Straus (1956). Vgl. dazu auch Gastgeber & Marlovits (1989).

Eine kritische Bewertung des Konzeptes einmal hintangestellt, kann als wesentliches Bestimmungselement des *flow*-Erlebens das einer *Entdifferenzierung* ausgemacht werden. Subjekt und Gegenständliches, Handlung und Bewußtsein, ja sogar das Zeitliche scheinen zu einer anderen und neuen Erlebensform zusammengeschmolzen und aus seinem gewöhnlichen Differenzierungsmaß gelöst zu sein.[14]

Die differenzarme bzw. -lose Zuständlichkeit des *flow*-Erlebens übt eine beträchtliche Faszination aus, wird *flow* etwa mittlerweile in pädagogischer Wendung als ‚bewußtseinsoptimaler Zustand' betrachtet, der, je öfter er eingenommen bzw. erreicht wird, Kreatives und Großes fürs Leben verspricht (vgl. Csikszentmihalyi, 1995b, 381ff).[15] Auch wird diesem ungebrochenen Fließen des Tuns und Handelns in völliger Einheit mit der Welt Wundersames zugesprochen, etwa wenn Sportratgeber - gestützt auf langjährige Erfahrungen - diese Zuständlichkeit als ideale Spielverfassung beschreiben und den Spielern ans Herz legen, ihr Streben auf das oftmalige Erreichen dieses Ideals auszurichten (vgl. Crevenciuc, 1996).

2.1.3 Glück, Harmonie, Ganzheit

Als weitere Qualifizierungen des gegenüber dem konventionellen Alltag im Bewegen und Sport Erlebbaren werden häufig Momente des Glücks, der Harmonie und eines Gefühls von Ganzheit (Sich-ganz-Fühlen) genannt. So etwa, wenn die affektive Qualifizierung des bereits besprochenen *flow*-Zustands als ein „Gefühl innerer Harmonie - Glück, Befriedigung, Heiterkeit" (Massimi, Csikszentmihalyi & Delle Fave, 1995, 93) gekennzeichnet wird.

---

[14] Zur Kritik am *flow*-Konzept vgl. Schönhammer (1991, 200ff).
[15] So führt Csikszentmihalyi (1995b) etwa in bezug auf die kulturelle Entwicklung aus: „Die Befunde besagen, daß *flow* nicht nur das momentane Erleben, sondern die Qualität des Lebens insgesamt verbessert" (ebd., 383). Und etwas später geht es darum, das „allgemeine Glücksniveau" anzuheben (ebd.). Hier drängt sich dann doch der Eindruck auf, daß es Csikszentmihalyi primär um die Realisierung eines bestimmten Menschentypus gehen könnte, dessen Charakter sich seltsam verdächtig an dem orientiert, was Europäer gerne in ironischer Wendung als den typisch amerikanischen Lebensstil des „easy going" bezeichnen. Diese Entwicklung mündet in einer „autotelischen Persönlichkeit", die den anzupeilenden *flow*-Zustand schnell und sicher erreichen könne (ebd., 384).

Auch andere Autoren berichten von Momenten, in denen Glück, Freude, Harmonie und ein Gefühl von Ganzheit erfahrbar werden. In seinen Untersuchungen etwa zum Extrem-Bergsteigen weist Aufmuth (1986) das Erreichen des harmonischen Gefühls nach, „ganz mit sich selber und der Welt eins zu sein" (ebd., 191). Und mit Blick auf diverse Aussagen von Extrem-Bergsteigern stellt er fest: „Die instinktmäßige Ganzheitlichkeit der totalen Anstrengung am Berg erzeugt ein unerhört starkes Gefühl der Ganzheit" (ebd., 196). In einer pathologisierenden Wendung unterstellt er den Extrem-Bergsportlern im schweren Bergsteigen eine Behandlungsform gefunden zu haben, „Ich-Spaltungen" und damit verbundene Gefühle der „Leere" und des „inneren Vakuums" für kurze Zeit ausgleichen zu können (ebd., 197). Ebenso im Zusammenhang mit risikobehaftetem Sporttreiben erklärt Semler (1994) die Faszination derartiger Tätigkeiten mit der Möglichkeit der Herstellung intensiver Gefühle von Glück und Freude.

Auch Balint (1994), der mit seinem Modell der Angstlust (thrill) einen psychoanalytisch fundierten Ansatz zur Klärung der Frage geschaffen hat, warum sich manche Menschen unnötig realen Gefahren aussetzen, spricht von einem harmonischen Zustand, der sich u.a. in diversen sportlichen Situationen (Rennsport, Klettern) wie in schwindelerregenden Jahrmarktvergnügungen (Karussel, Schaukel etc.) herstellt. Der Reiz dieser Tätigkeiten läge darin, daß in deren Ausführung die Möglichkeit einer Regression stecke, also die Rückkehr zu einem differenzlosen Zustand der „primären Liebe", in dem Subjekt und Objekt noch nicht (als schmerzvoll) getrennt erlebt worden seien. Auch Balint zieht als Bedingung der Möglichkeit, diesen (herbeigesehnten) harmonischen Zustand erreichen zu können, eine Veränderung im Verhältnis Subjekt-Objekt, also Eigenem und Gegenständlichem heran. Dem Individuum ginge es primär darum, „zu dem Zustand zu regredieren, den man als Vergessen der Welt rundherum und als Genuß der Harmonie zwischen dem Individuum und seiner Umwelt beschreiben kann. Dieser Zustand verleugnet offensichtlich jede eigenständige Existenz" (ebd., 72).[16]

---

[16] Der hier dargestellte Regressionsvorgang bezieht sich laut Balint (1994) auf die Position des sogenannten Philobaten. Dieser Typus regrediert „in Wirklichkeit zu jenem frühen Zustand der harmo-

Allgemeinpsychologische Untersuchungen zum Glück und zur Freude machen die Beobachtung, daß sich die Menschen in beglückenden „Grenzerfahrungen", wie sie immer wieder im Sport zu beobachten sind, integrierter, geeinter, harmonischer und wie „aus einem Stück" erleben. Die Menschen neigten in solchen Situationen dazu, Unterschiede zwischen sich und den Anderen in einem „Ich-Du-Monismus" aufzuheben (vgl. Maslow, 1968, 114). Auch Hoffmann (1981) weist auf diesen Sachverhalt hin, wenn sie solche Situationen von ihren Wesenszügen her typisierend folgendermaßen zusammenfaßt: „Das Individuum und die Welt stehen sich nicht mehr gegenüber, sondern sind aus einem Stoff, sind geteiltes, aber nicht getrenntes Gesamterleben" (ebd., 171).

2.1.4 Rausch, Ekstase und Erotik

„Der letzte Tag war Ekstase, Orgie, Delirium, emotionell ein Abstecher in den Vorhof des Paradieses - es dauerte noch Wochen nach dem Zieleinlauf, bis ich begriffen hatte, was hier eigentlich vor sich gegangen war und welche Leistung jeder einzelne von uns erbracht hatte" (Schlett, 1992; zit. nach Schönhammer, 1994, 82). Solche, immer schwer in Worte zu kleidenden Erfahrungen des Ekstatischen, die sich hier im Kontext einer außergewöhnlichen Laufleistung einstellten, deuten auf einen weiteren Erlebenshorizont gesteigerter Wirklichkeitserfahrung hin. Im Bewegen bzw. Sporttreiben besteht - schenkt man solchen Selbstbeschreibungen Glauben - die Möglichkeit zur Evozierung ekstatischer, rauschhafter Erlebensformen. So unterstellt etwa Allmer (1995) Extrem- und Risikosportlern die Suche nach „mitunter rauschhafte[m] Bewegungserleben" (ebd., 84).

An dieser Stelle scheint es angebracht zu sein, sich nochmals kurz den Hintergrund der hier favorisierten Wissenschaftsauffassung ins Gedächtnis zu rufen. Denn damit sollte klar werden, daß in diesem Zusammenhang von Gegenstandsbildungen Ab-

---

nischen Identität" (ebd., 72). Der ihm entgegengesetzte Typus des sog. Oknophilen regrediert lediglich *in Phantasie* auf den harmonischen Zustand der sog. 'primären Liebe' (vgl. zum genaueren Studium Balint, 1994, 72ff).

stand genommen wird, die sich dem Rauschhaften und Ekstatischen auf physiologischem Wege nähern und das sog. „runners-high" etwa primär über die spezifische Mixtur eines Hormoncocktails erklären. Die vorliegende Untersuchung versucht einen psycho-logischen Argumentationsstrang zu entwickeln und will damit ein (bequemes) Wechseln in andere Bezugssysteme an neuralgischen Punkten vermeiden.

Rausch und Ekstase werden psychologisch als Steigerungsformen verstehbar, was sich u.a. in der Analyse Schönhammers zum Fahrradfahren zeigt, wenn sich etwa der Genuß des Dahingleitens im bergab und das dabei gegebene Erlebnis „vitaler Freiheit" zu einem Geschwindigkeitsrausch steigern können (vgl. Schönhammer 1991, 231), wovon auch Degen (1989) in seiner Untersuchung zum Fahrradfahren berichtet. Cath, Kahn & Cobb (1980) stellen das rauschhafte Erleben in bezug auf das Tennis heraus. „Aus irgendwelchen Gründen schwebt man schlagartig in rauschhaften Höhen. Wenn dies beim Tennisspielen passiert, hat man das Gefühl, wie ein Ball durch die Luft zu fliegen und körperlich seinen Aufprall zu spüren." (ebd., 31).

Die Ekstase wird allgemein nach Lersch (1966) als ein „Aus-sich-heraustreten und Sich-ausweiten über alles Einzelgegenständliche" (ebd., 320) beschrieben. Und mit Blick auf ihre Subjekt-Objekt-Konstellation stellt er fest, daß auch sie „jenseits der Gegenstellung von lebendigem Subjekt und Umwelt, jenseits der Unterscheidung von Ich und Nicht-ich" (ebd., 319) zu verstehen sei.

Im Zusammenhang mit intensivsten Erlebnissen beim Klettern stellt Csikszentmihalyi (1985) die von alters her bekannte Nähe des Ekstatischen zum Transzendenten, Religiösen und Visionären her (vgl. ebd., 120). Dabei geht es in all diesen Fällen um das Thema der Überhöhung, des Außer-sich-seins, der Ausweitung eigener Begrenztheit und dem Aufgehen in einer (scheinbar) größeren Ordnung.

Im Kontext dieses thematischen Komplexes stellt Balint (1994) bezüglich seiner Überlegungen zum vollkommenen harmonischen Verhältnis zwischen Subjekt und Objekt fest, daß jenes am idealtypischsten realisiert scheint in „allen Formen der Ekstase" und „in unserem Sexualleben" (ebd., 54), womit eine unübersehbare strukturelle Nähe zu Erlebnisweisen der Erotik und Sexualität hergestellt wird, also einer Erfahrungswelt, die beinahe idealtypisch für eine Auflösung des Subjekt-Objekt-Spannungsverhältnisses steht.

Explizit auf die Gesamt-Welt des Sports bezogen gehen Gebauer und Hortleder (1986) einen Schritt weiter, indem sie den „Rausch, der vom modernen Sport erzeugt wird" (ebd., 9) strukturell mit der rauschhaften Verfaßtheit des Erotischen zusammenbringen. Indem sie das Rauschhafte, das im Sport erlebt werden kann, in eine Reihe stellen, die ihr Ende im Tod hat, betonen sie den losen Charakter und die Auflösungstendenz dieser Formenbildung. „Ähnlich der Sexualität ist der Rausch der Geschwindigkeit, des Rennens, der Konkurrenz und des Überbietens eine Ekstase und Verausgabung. ... Die Erotik des Rausches ist Verausgabung in Todesnähe" (Gebauer, 1986, 273).

Neben den hier im Kontext unterschiedlicher theoretischer Bezugssysteme herausgehobenen Grundqualitäten der teilweise im Bewegen und Sport erfahrbaren veränderten Wirklichkeitserfahrung eines „Mehr" und „Anders" ließen sich sicherlich noch andere Dimensionen wie etwa „Echtheit", „Wahrh(aftigk)eit" oder „Lebendigkeit" anführen. Die dominanten Erlebensweisen von Verschmelzen/Einverleibung, Fließen, Glück/Harmonie/Ganzheit und Rausch/Ekstase sollten ansatzweise die wichtigsten Qualitäten benennen, wie sie von der (sport)psychologischen Forschung in ihrer Vielfalt immer wieder beobachtet und beschrieben wurden.

Bevor nun eine thesenartige Bestimmung des Untersuchungsgegenstands vorgenommen wird, soll auf zwei im Kontext der gesteigerten Wirklichkeitserfahrung immer wieder betonten und jene mitkonstituierenden Züge hingewiesen werden. Verschiedene Autoren beschreiben in ihren Untersuchungen das gesteigerte Erleben im Bewegen und Sport als eines, das sich durch ein Verschwimmen des Eindrucks der *Zeitlichkeit* auszeichnet. Der alltägliche Eindruck des Eingebettetseins in ein zeitliches Kontinuum, das sich aufspannt zwischen Vergangenheit und Zukunft und als Schnittstelle die Gegenwärtigkeit produziert, sei für den Moment des gesteigerten

Erlebens aufgehoben bzw. verändert. Csikszentmihalyi (1985) etwa berichtet von einer veränderten Zeitwahrnehmung im Zustand des *flows* in bezug auf die untersuchten Tätigkeiten und spricht von einem „Auseinanderklaffen von chronologischer und psychologischer Zeit" (ebd., 119).[17]

Der zweite Hinweis bezieht sich auf den *Suchtcharakter,* der dem besonderen Erleben im Sport und Bewegen immer wieder zugesprochen wird. So seien die mit dem Sport verbundenen Erlebensmöglichkeiten und -formen derartig attraktiv, daß sich eine für das Suchtverhalten typische (spiralförmige) Bewegung nach einem „Immer-Mehr" ausbreite. Der Hunger nach immer aufreizenderen Erlebensformen, die sich besonders im Umfeld (extrem)sportlicher Aktivität finden lasse, werde dabei - ähnlich der Suchtdynamik - mit jeder überwundenen persönlichen Angstschwelle größer und größer. Schulze (1992) etwa stellt fest, daß dieser Hunger nach außergewöhnlichen Erlebnissen nicht zu befrieden sei, denn ein Charakteristikum der Eigenlogik von Erlebnissen sei es eben, daß sie nicht sättigen würden, sondern „den Appetit auf weitere Erlebnisse [stimulieren]" (ebd., 450). Allmer (1995) spricht in diesem Zusammenhang ganz im Duktus der Drogensprache von der Notwendigkeit einer andauernden „Erhöhung der Erlebnisdosis" und einer damit einhergehenden möglichen „Abstumpfung der Erlebnisfähigkeit" (ebd., 87). Sein etwas düsteres Fazit: „Erlebnisse werden nicht genußvoll aufgenommen, sondern gierig konsumiert" (ebd.), wofür sich die Begriffe des *Erlebensjunkie* oder auch *Sportjunkie* anböten. Die „seltsame Ruhe- und Rastlosigkeit der erlebnishungrigen Konsumenten" (Becker, 1995, 331) beschreibt zumindest das Verhaltenskorrelativ jener Sehn-Süchtigkeit.

---

[17] Vgl. Csikszentmihalyi (1985) in bezug auf die untersuchten Tätigkeiten im *flow*-Erleben beim Klettern (vgl. ebd., 119) oder beim Tanzen (vgl. ebd., 152). Zum *flow* in japanischen Motorradbanden vgl. Sato (1995, 125). Zum Problem des Zeiterlebens in der Psychologie vgl. Lersch (1966), Straus (1956), in bezug auf die Bewegung etwa Prohl (1995) und für den klinischen Bereich etwa Straus (1960a).

2.2 Die Verfassung des Unmittelbaren als Gegenstand der Untersuchung

Die beschriebenen Erlebensformen können - jenseits sportartspezifischer Disziplinen - allesamt als Formen einer Steigerung der konventionellen Wirklichkeitserfahrung ausgemacht werden. In ihnen ist dieser gegenüber jeweils ein spezifisches „Mehr" und „Anders" realisiert. Betrachtet man diese Erlebensformen etwas genauer, so fallen Gemeinsamkeiten zwischen ihnen auf, die nun zur genaueren Bestimmung des Untersuchungsgegenstandes herangezogen werden sollen.

1. Die Qualifizierung des veränderten Gegenwartsbezugs als Formen des Verschmelzens, des Fließens, von glücklichen Momenten, Harmonie und Ganzheit, von Rausch, Ekstase und Erotik deutet auf eine *komplexe seelische Verfassung* bzw. *Organisationsform* hin, die für die Dauer des Involviertseins in eine spezifische Tätigkeit *das Gesamt seelischer Wirklichkeitserfahrung* bestimmt. Den beschriebenen Erlebensformen kann somit eine Bestimmungsmächtigkeit unterstellt werden. In und mit ihnen gelingt es, divergente oder unbestimmte seelische Zuständlichkeiten in eine *vereindeutigende Gesamtorganisation* zu stellen, deren erlebenswirksame Äußerungen sich in den beschriebenen Formen zeigen, eben als Erleben von Glück, Harmonie etc. Immer ist dabei das Ganze des Psychischen involviert. Es gibt nichts Partialisiertes, keine Detailbereiche. Der ganze Mensch ist von diesen Erlebensformen gesteigerter Gegenwartserfahrung ergriffen.

2. Alle Erlebensweisen weisen auf einen *Wandel im Verhältnis von Subjekt und Objekt* in der Weise hin, daß der Bezug zur Gegenständlichkeit des Objekthaften verändert erscheint. Die gewöhnliche und zum Aufbau der dinghaften Wirklichkeit so wichtige Wahrnehmung des Gegenständlichen als ein Gegenüberstehendes ist aufgelöst. Das Gegenständliche, Materiale (Mensch, Ding etc.) ist seinem Charakter als Objekt im Sinne eines feststellbar Anderen enthoben und in eine neue Organisationseinheit gestellt, in der *die Opposition zwischen Subjekt und Objekt* aufgehoben erscheint. Bereits in den Begrifflichkeiten des Verschmelzens, des Fließens, des

Rauschhaften und Ekstatischen spiegelt sich die Charakterisierung jener differenzlosen Zuständlichkeiten wider. Ich und Welt verschmelzen zu etwas Neuem, fließen kurzzeitig unterschiedslos in einem Miteinander.

3. In diesem nahen bzw. einheitlichen Verhältnis von Ich und Welt spielen - allgemein formuliert - *Qualitäten sinnlicher Art* eine tragende Rolle, im Verschmelzen etwa in einer besonderen Wahrnehmung von Objekten, im *flow* als müheloses Dahin der Tätigkeit, im glücklichen Augenblick als Erfahrung kribbelnder Leichtigkeit, im Rauschhaften beispielsweise als rotierendes Übersichhinaus. Jeder Form eigen ist die Dominanz eines bestimmten, charakteristischen Designs von Sinnlichkeit.

4. Keine der angeführten Erlebensformen ist einfach von sich aus da, sondern wird - hier unter der Maßgabe des Sich-Bewegens - als solche hergestellt. Mit anderen Worten: Dem Erfahren gesteigerter Wirklichkeit in den beschriebenen Erlebensformen liegt ein Produktionsprozeß zugrunde, der jenes Erleben als ein *Hergestelltes* (Produktion) verstehen läßt, das weniger einer rationalen, als vielmehr einer eigenen Logik folgt.[18]

Bringt man die als allgemeine Verbindlichkeiten befundenen Bestimmungsstücke der Sonderformen des Erlebens, also die komplette Organisiertheit des Seelischen, das veränderte Verhältnis von Ich und Welt, das dominierende Sinnlichkeitsdesign und den Produktionszusammenhang, in einen Austausch mit den Setzungen einer konstruktivistisch verstandenen, gestaltorientierten Tiefenpsychologie, wie sie im Konzept der morphologischen Psychologie vorliegt (vgl. Salber, 1983), dann führen jene übergreifenden Verallgemeinerungen zu einer Gegenstandsbestimmung, die man

---

[18] Mit dieser Sichtweise knüpft die Untersuchung an den Wissensbestand gestalt- und ganzheitspsychologischen Denkens und Forschens an, welches das Werden (und Vergehen) von Gestalten als zentrale Erkenntnis hervorbrachte. „Es ist vielleicht eines der wichtigsten Ergebnisse der ganzheits- und gestaltpsychologischen Forschungen, gezeigt zu haben, daß uns die Wirklichkeit in der Anschauung nicht einfach wie ein photographisches Abbild gegeben ist, sondern *vom Kontext unseres Erlebens her gemäß bestimmten Gestaltgesetzen geformt bzw. produziert wird*" (Baßler, 1988, 264). Vgl. dazu auch Fitzek & Salber (1996).

begrifflich vereindeutigend als eine *Verfassung des Unmittelbaren* logifizieren kann.

Daß hier von einer *Verfassung* gesprochen werden kann, zeigt sich im Aufweis der Sonderformen des Erlebens als komplette seelische Organisationsformen wie auch deren Produktionscharakter. Mit dem Begriff der Verfassung wird aus morphologischer Sicht eine komplette, zeitlich begrenzte Organisationsform des Psychischen bezeichnet, wie es sich bereits in der verdichtenden vorwissenschaftlichen Rede von einer „guten" oder „schlechten" Verfassung, in der wir uns befänden, zeigt. Etappen des seelischen Alltags und die sie mitbedingenden Tätigkeiten werden durch jeweilige Verfassungen um- und gerahmt. Verfassungen beziehen somit bestimmte Tätigkeiten mit ein und schließen andere wiederum aus. Sie sind so gesehen zwingend. Eine Kino-Verfassung beispielsweise übt einen „Zwang" insofern aus, als sich der Zuschauer dazu verpflichtet, in einem abgedunkelten Raum längere Zeit auf einem Platz sitzen zu bleiben und dabei (meist) still zu sein. Gespräche mit dem Sitznachbarn während der Vorführung des Spielfilms werden von den anderen Besuchern als Störung dieser Verfassung empfonden und mit brüsken Zurechtweisungen geahndet. Man merkt am störenden Gespräch, wie umfassend die Kino-Verfassung es verstanden hat, das Seelenleben für sich einzunehmen und auszugestalten.

Auch die psychologische Marktforschung greift in letzter Zeit verstärkt auf ein Verständnis von Verfassungen zurück, indem sie der traditionellen Zielgruppenforschung die Analyse von bestimmten Verfassungen des Alltags gegenüberstellt (vgl. Grünewald, 1996). Die Alltags-Verfassung des Putzens etwa, die sich mit der Tätigkeit des Putzens herstellt und im Tun selbst erhält, dreht sich um die Erfahrung des Saubermachens, was implizit immer mit Schmutzigsein zu tun hat. Als ein seelisches Werk, das sich über eine bestimmte Zeitstrecke ausdehnt, muß sie bestimmten Regeln gehorchen, unterliegt Begrenzungen und Freiheiten, die anderswo nicht realisierbar sind, so, wenn im Laufe des Putzens sich etwa kleinkriegsähnliche Tätigkeiten des Vernichtens ganzer Spinnenvölker einstellen oder mit scharfen Lösemitteln generalstabsmäßig die Wohnung in einen sterilen Zustand versetzt wird (vgl. ebd.).

Als komplette Verfaßtheiten des „seelischen Betriebs" kann auch ein Modus des Zur-Welt-Seins verstanden werden, wie es das Empfinden bei Straus (1956) darstellt oder - um ein Beispiel aus dem Sport zu nennen - die Verfassung von Zuschauern bei Fußballspielen (vgl. Dombrowski, 1975). Auf den Produktionscharakter von Verfassungen verweist Salber (1997), wenn er etwa das Träumen als eine Verfassung mit eigener Sinnhaftigkeit und Organisiertheit beschreibt. „Auch die Traum-Verfassung ist ein *Produktions-Ganzes*, eine eigene Verfassung, mit einem eigenen Sinn" (ebd., 11).

Psychologisch gesehen stellt eine Verfassung „ein regulierendes Prinzip [dar]. Sie erzwingt bestimmte Folgen, bindet zusammen, nimmt Gegensatz, Umschlag, Auflösung zum Ansatz für die Durchsetzung von umfassenden Formeinheiten" (Salber, 1986a, 173). Fundierendes Kennzeichen der Verfassung ist der „Formzwang" (ebd., 170), wodurch ein Geschehen überhaupt erst „Form" und „Halt" erfährt. Dem Formzwang entgegen wirkt in jeder Verfassung die „Vielfalt". Die Überbetonung eines der jegliche Verfassung bestimmenden Züge bedeutet entweder „Starrheit von Haltung und Verhalten" oder „Relativität, Übergänge und Riskieren" (ebd., 176).[19]

Als Qualifizierung und Thematisierung der Verfassung wurde das *Unmittelbare* ausgewiesen, abgeleitet aus den übergreifenden Zügen der Sonderformen des Erlebens. Im veränderten Subjekt-Objekt-Bezug stellt sich das Verhältnis von Ich und Welt als eines dar, das in jeglicher Weise als unmittelbar zu bestimmen ist, so, wenn etwa im Verschmelzen und Einverleiben die polare Position der beiden angenähert und im Extrem sogar aufgehoben erscheint. Ich und Welt sind in unmittelbarster, weil nicht mehr unterscheidbarer Weise gegeben. Das *flow*-Erleben wird als eines charakterisiert, in dem Handlung auf Handlung folgt, und jene Abfolge in keiner Weise gestört wird. Hier tritt das Unmittelbare in Form des direkten, ungestörten Nacheinanders im Handlungsvollzug auf; eines folgt dem anderen, unmittelbar. Gelingt es uns darüber hinaus, das generell „unverfügbare Total" in der Unmittelbarkeit

---

[19] Detaillierteres zu den Äußerungsformen (Ausdrucksform/Formzwang, Vermittlung, Funktionsverteilung, Ausgleich) der Verfassung und ihren Gesetzen (Strukturformeln) findet sich bei Salber (1986, 178ff und 184ff).

eines Augenblicks doch in den Griff zu bekommen, dann werden wir mit der sinnlich-berauschenden Erfahrung eines glücklichen Moments belohnt (vgl. Blothner, 1993, 159).

Gerade im Erfahren glücklicher Momente zeigt sich nochmals die Untrennbarkeit des unmittelbaren Erlebens mit der überwältigenden Dominanz sinnlichen Empfindens. In ihren Untersuchungen zum Glückserleben spricht Hoffmann (1981) diese Erfahrung an, wenn sie von einer „Lust in den unmittelbaren Empfindungen sinnlicher Wahrnehmung" (ebd., 138) spricht. Das Glückserleben setzt einen unmittelbaren Zugang zum Körperlichen frei. „Glücklich-Sein wird körperlich empfunden: als Intensivierung der körperlichen Reaktionen, als körperliche Energie, als Steigerung der körperlichen Empfindungsbereitschaft und auch des spontanen körperlichen Ausdrucksvermögens" (ebd., 170). Auch hier tritt Unmittelbares als Sinnlich-Körperliches auf. Ähnliche Verhältnisse gelten für die Zuständlichkeiten des Rauschhaften und Ekstatischen.[20]

Aus dem bislang Dargelegten läßt sich als Gegenstand der Untersuchung jene Verfassung des Unmittelbaren bestimmen, die sich im Sport in Erfahrungen des Involviertseins in und Bestimmtseins durch die sportliche Aktivität ausdrückt. Sie kann als jene die Sonderformen des Erlebens übergreifende (psychologische) Einheit ausgewiesen werden, die sich etwa im Verschmelzen, im Fließen, in harmonischen Glückszuständen oder rauschhaften Ekstasen zeigt. Die Lockerung bzw. Aufhebung des konventionellen Oppositionsverhältnisses von Subjekt und Objekt, die Erscheinung als komplette Organisationsform, der Produktionscharakter und die Dominanz sinnlich-leiblicher Bezüge werden als Absicherung zur vorgenommenen Gegenstandsbildung herangezogen.

Die Untersuchung nähert sich damit jenen Bereichen seelischer Wirklichkeit, die seit alters her mit dem Vorurteil des Diffusen und Verworrenen behaftet sind.

---

[20] Vgl. die Beschreibungen zum Geschwindigkeitsrausch von Schönhammer (1991).

Descartes (1960) etwa differenziert in seinen „Meditationen" zwischen zwei Qualitäten des Erkennens: Die Erkenntnis, das Urteil, die Einbildung und das Wollen seien klare und deutliche, das Empfinden, das sinnliche Spüren aber unklare und diffuse Formen der Erkenntnis. Dieses Vor-Urteil zieht sich bekanntlich bis in den Aufbau theoretischer Konstruktionen und die Bewertung methodischer Herangehensweisen der Psychologie, in denen der Exaktheitsanspruch diverser Meßinstrumente die Sicht auf das Diffuse und Obskure, auf Sinnliches und Erspürtes eher verstellt. Die vorliegende Arbeit möchte daher auch einen Beitrag liefern zur Erforschung des Sinnlichen (Ästhetischen), jener Form unmittelbaren Welterfahrens, wie es sich gerade im präverbalen Bereich des Sports so gerne einzustellen pflegt.

Der Philosophie ist das Unmittelbare nicht fremd. Hegel, Kant, Marx und Husserl, um nur einige zu nennen, behandeln das Problem in unterschiedlichem Ausmaß, meist unter der erkenntnistheoretischen Frage nach der Unmittelbarkeit des Erfahrenen bzw. Erfahrbaren.[21] Ohne nun einen Wechsel in ein philosophisches Bezugssystem vornehmen zu wollen, wird mit dem Blick auf die philosophischen Auseinandersetzungen klar, daß sich darin die Relevanz der Thematik für das Menschliche ankündigt und bei Marx sogar einer Programmatik zugrunde liegt, die Landgrebe (1967) folgendermaßen zusammenfaßt: „Nicht der Mensch als denkendes Wesen, sondern als das sinnlich-leibliche und als das körperlich-arbeitende und in dieser Arbeit sich erhaltende und fortpflanzende ist es, dem sich darin das Unmittelbare der Wirklichkeit erschließt" (ebd., 131).

Anhand der philosophischen Abhandlungen zum Unmittelbaren sinnlich-leiblicher Welterfahrung ließe sich eine Linie nachzeichnen, die danach trachtet, die eigentliche Bestimmung des Menschlichen im Materialen und seiner Logik[22] zu suchen, was am

---

[21] Vgl. hierzu Landgrebe (1967).
[22] Landgrebe (1967) weist mit Recht auf die Abhängigkeit des denkenden Erfassens und Verbegrifflichens von der Logik des unmittelbar Erlebten hin. „Denn all diese Denkleistungen gehen aus von der unmittelbar erlebten und noch nicht in dieser unbedingt allgemeinen Verbindlichkeit objektiv bestimmten, aber doch schon immer irgendwie verstandenen Welt unmittelbarer Erfahrung. Sie zu beschreiben in der Reflexion auf die Weise, wie und durch welche Leistungen, die zum Menschen als solchen gehören, sie zustande kommt, ist daher die erste Aufgabe" (ebd., 136).

Übergang von Philosophie zur Psychologie am radikalsten in Nietzsche's Forderung einer „Philosophie am Leitfaden des Leibes"[23] seinen Ausdruck findet. Im psychologischen Raum findet sich diese verwirklicht im Rahmen der psychoanalytischen Entwicklungstheorie und des darin vertretenen engsten Zusammenhangs und Abhängigkeitsverhältnisses der ontogenetischen Entwicklung mit der zeitweiligen Dominanz bestimmter Körperöffnungen, sog. erogener Zonen. Hier wird bereits sinnlich-leibliche Unmittelbarkeit in Form einer „Psychologie am Leitfaden des Leibes" betrieben.

Wolfgang Köhler (1933) erhebt das Unmittelbare überhaupt zum Dreh- und Angelpunkt der psychologischen Forschung, wenn er feststellt: „Wenn die Psychologie einmal das Interesse an der Welt *unvermittelter Erfahrung* verlieren sollte, dann würde sie alsbald in Gefahr kommen, mit einem künstlich vereinfachten wirklichkeitsfernen System funktioneller Begriffe zu operieren, wie das ja im Behaviorismus geschehen ist" (ebd., 169). Dabei bleibt er sich der Notwendigkeit einer jene unmittelbare Erfahrungen vertiefenden (Struktur-)Analyse bewußt, wenn er fortfährt: „Andererseits scheint es mir durchaus unmöglich, die Psychologie als eine Wissenschaft nur vom unmittelbar Erfahrenen zu betreiben. Denn für eine *Erklärung* der psychischen Hergänge reichen die jeweils festzustellenden Bewußtseinserscheinungen nicht aus" (ebd.).

An dieser Stelle sei auf die gewählte Terminologie von der „unvermittelten Erfahrung" verwiesen, mit der Köhler bereits die Konstruktion des Unmittelbaren als ein Un-Vermitteltes im Auge zu haben scheint, womit also ein Vermitteltes gemeint ist, das, ohne eine Erfahrungstatsache zu werden, dennoch seine originäre Funktion als Mittler ausführen kann. Ein Beispiel: Wenn Jogger davon berichten, daß sich bei ihren Läufen besonders dann so etwas wie eine Automatik des Laufens einstellt, wenn kein Körperteil (v.a. die Beine) spürbar ist, weil es etwa schmerzt, und sie dann, ohne auf das Laufen zu achten, recht tief in Gedanken oder Tagträumereien versunken, ihre Runden laufen, dann ist genau dieser Sachverhalt des Mittels, das als Un-Vermitteltes

---

[23] Vgl. dazu Schipperges (1975)

eben nicht in Erscheinung tritt, angesprochen. Da nichts an der rhythmisierenden Bewegung des Immer-Gleichen stört - Schmerzen würden dies ja tun, da sie gezwungenermaßen eine Hinwendung der Aufmerksamkeit auf den schmerzenden Teil und damit ein Gewahrwerden des Gegenwärtigen erwirken -, bleibt Platz für anderes, eben Gedanken oder Tagträumereien. Die Bewegung des Laufens kann als Mittler dieser Erfahrung verstanden werden, dessen Vermittlung aber im gewählten Beispiel nicht erfahrbar (weil nicht spürbar) wird. Es läuft quasi automatisch.

3. Psychologische Theorien zum Unmittelbaren

Um den Untersuchungsgegenstand vor dem Hintergrund einer psychologischen Gegenstandsbildung weiter zu präzisieren, sollen nun psychologische Theorien in bezug auf ihre Aussagen zum Unmittelbaren befragt werden. Es kann hier nicht darum gehen, so viele Theorien wie möglich auf entsprechende Hinweise durchzusehen und womöglich eine beachtliche Anzahl von Zitaten zu erstellen in der Hoffnung, damit die Beweislast etwas zu reduzieren. Vielmehr soll hier wieder eine Auswahl getroffen werden, und zwar dergestalt, als hier nur Theorien berücksichtigt werden, in deren Aufbau das Thema des Unmittelbaren mehr oder weniger in Form systematischer Aussagen abgehandelt wird. Namentlich betrifft dies die Phänomenologische Psychologie mit den Aussagen zum Pathischen, die Psychoanalyse und ihr Verständnis von der frühkindlichen Zuständlichkeit sowie die Morphologische Handlungspsychologie mit ihrem Konzept zur Handlungseinheit. Sowohl die Ganzheits- als auch die Gestaltpsychologie könnten hier ebenfalls gesondert ausgeführt werden; diese sind jedoch in der Konzeption der Morphologischen Handlungspsychologie integriert. Um den Rahmen des theoretischen Teils nicht zu überspannen, kann daher hier auf eine detaillierte Darstellung ihrer Aussagen verzichtet werden.

3.1 Das Unmittelbare aus phänomenologischer Perspektive

In seinem Hauptwerk „Vom Sinn der Sinne" beschäftigt sich Straus (1956) eingehend mit der Frage nach einem psychologischen Verständnis der Sinne. Er kommt dabei zu der Feststellung, daß der (psychologische) Sinn der Sinne, grob gesagt, nicht in der ihnen landläufig zugesprochenen Funktion des Sehens, Hörens, Riechens, Tastens oder Schmeckens bestünde, sondern in einer das grundlegende Ich-Welt-Verhältnis mitgestaltenden Funktion zu verstehen wäre. Indem Straus nun jedem Sinn eine spezifische psychologische Bedeutung zuschreibt, so etwa dem Sehen die Funktion des Beständigen, dem Hören jene des Werdens usf., ist es ihm möglich, jedem Sinn eine eigenständige Position in der Ausgestaltung des Verhältnisses von Ich und Welt einzuräumen.

Ich und Welt stellen dabei bereits Bestimmungen eines grundlegenden *Totals* dar, das durch den grundlegenden Modus des Empfindens in eine Verhältnismäßigkeit gebracht wird. „Im Empfinden habe ich mich, mich *und* das Andere, die Welt." (ebd., 254). Im Gegensatz zum *Empfinden*, was Straus als eine Form des Werdens versteht, stellen einzelne *Empfindungen* bereits (notwendige) Begrenzungen dieses Totals dar. Erst dadurch erfährt der Einzelne eine Bestimmung und damit ein Verhältnis zum übergreifenden Total.

Entscheidend für den Zusammenhang der vorliegenden Untersuchung ist die von Straus formulierte Grundthese von der Einheit von Empfinden und Sich-Bewegen als primäre Form der Wirklichkeitserfahrung (vgl. ebd., 238ff).[24] Demnach sei uns die Welt im ersten Zugang im Modus des Empfindens und Sich-Bewegens gegeben, der in spezifischer Weise das gegebene Total qualifiziert und damit Welt konstruiert.[25] In bezug auf die perzipierte Raum-Zeit-Dimension bedeutet dies etwa: Die primär im Modus des Empfindens und Sich-Bewegens bereitgestellte Welt zeichnet sich durch

---

[24] Vgl. hierzu auch Marlovits (1998).
[25] Vgl. hierzu die thematische Nähe zu den Auffassungen von Viktor v. Weizsäcker (1968), F.J.J. Buytendijk (1956) und M. Merleau-Ponty (1966).

spezifische Formen von Zeit und Raum aus. Nicht der uns allen bekannte „objektive, isotrope, metrische Raum und die objektive, homogene, zukunftslose ... zählbare Zeit" (ebd., 404), sondern die *Ferne*, die eine polare Gliederung von nah und fern bedeutet, sei jene Form von Raum und Zeit, wie sie dem Menschen in diesem primären Modus der Wirklichkeitserfahrung als gegeben erscheint. Straus legt großen Wert auf die Feststellung, daß die „Ferne als raumzeitliche Form des Empfindens" (ebd., 405) nun nicht wieder im Sinne eines etwa naturwissenschaftlichen Herangehens „verobjektiviert" werde, da ansonsten die am Lebendigen erwiesene Ferne als Ich-Welt-Beziehung zu einem leblosen Abstandsmaß von festen Punkten im Raum reduziert würde. Damit wäre dann wiederum mit Erfolg der Versuch einer auf der Basis der Einheit von Empfinden und Sich-Bewegen beschreibungsnah qualifizierten *erlebten* Wirklichkeit zunichte gemacht.[26] „Ferne ist weder Länge noch Abstand" (ebd., 408), sondern der Ferne kommt ein eigenständiger phänomenaler Gehalt zu.

Im Modus der Einheit von Empfinden und Sich-Bewegen wird die Wirklichkeit in einer besonderen Qualifizierung für das Lebewesen gestaltet, nämlich in der einer Unmittelbarkeit. Die Wirklichkeit ist darin *unmittelbar sinnlich-leiblich* gegeben. Straus nennt diesen Modus auch das *Pathische*, worunter er „die *unmittelbare Kommunikation* [versteht], die wir mit den Dingen aufgrund ihrer wechselnden sinnlichen Gegebenheitsweise haben. ... Das Pathische gehört ... zu dem Bestand des ursprünglichsten Erlebnis" (Straus, 1960b, 151; Hervorh. Verf.). In genauerer Bestimmung ist das Pathische die „unmittelbar-gegenwärtige, sinnlich anschauliche" und damit auch „vorbegriffliche Kommunikation" (ebd.) mit den Erscheinungen der Welt. Was Straus hier beschreibend herausstellt, ist eine Form der Teilhabe an Welt, die sich

---

[26] Der Versuch einer vom Lebendigen her betriebenen Bestimmung der Erfahrungswirklichkeit des Subjekts bringt u.a. vertiefende Einblicke in den wie selbstverständlich als Erklärungsbegriff verwendeten Terminus der sog. „Grenzerfahrungen", die etwa im Extrem- und Risikosport gesucht werden (vgl. Allmer, 1995). In der Rede von den Grenzerfahrungen kommt ein Verständnis zum Ausdruck, das bereits, ohne es meist explizit zu machen, eine Wirklichkeitserfahrung auf der Basis des Empfindens und Sich-Bewegens mitdenkt, denn nur als Empfindende können Lebewesen so etwas wie eine „Grenze" (bezogen auf das Total) erfahren (vgl. Straus, 1956, 254ff.). In bezug auf den Körper wird das Grenzartige durch den Begriff des Körperschemas (vgl. Schilder, 1923) bestimmt, dessen Konzeptualität aber ebenso auf dem Primat des Empfindens, eben des „Körper-Empfindens" (du Bois, 1990, 40) beruht.

zentral über ein unmittelbares, also unvermitteltes, sinnlich-leibliches Verhältnis bestimmt. Welt und Ich fallen dann quasi ineinander. „Im sinnlichen Empfinden ist ein Subjekt-Objekt-Verhältnis unreflektiert gegeben, entfaltet sich die Beziehung von Individuum und Welt als ein Mit-Werden" (Straus, 1956, 409).[27]

Mit der genaueren Charakterisierung des Pathischen werden nun zwei Momente deutlich, die für die vorliegende Fragestellung von besonderer Bedeutung sind: Zum einen wird darin klar, daß mit dem Pathischen bzw. der Einheit von Empfinden und Sich-Bewegen eine spezifische seelische *Verfassung* gemeint ist, in der sich das Verhältnis von Ich und Welt gestaltet. Subjekt und Objekt befinden sich in einem andauernden Näherungsverhältnis und können in bestimmten Konstellationen zusammenfallen, was Straus u.a. am Beispiel des Schmerzes deutlich macht. „Im Schmerz dringt die Welt auf uns ein und überwältigt uns" (ebd., 215). Im Zahnschmerz etwa ist nur noch Schmerz. Welt und Ich als polarisierende Bestimmungspunkte sind aufgehoben. Als weitere Beispiele werden etwa das Gleiten (vgl. ebd., 385ff), der Ekel (vgl. Straus, 1960b, 153f) und die Musik anhand des Kinoerlebens angeführt. „Wird dort ein Film dem Beschauer ohne Musik dargeboten, dann erscheinen die Bilder in einer veränderten Distanz, in einer ungewöhnlichen Ferne, sie sind marionettenhaft, leblos. ... Während der Anblick einer Truppe, die ohne Musikbegleitung auf der Filmleinwand vorübermarschiert, bei uns keine Mitbewegung hervorruft, werden wir von der Marschmusik sofort gepackt und motorisch induziert" (vgl. ebd., 160). Die Musik vermag es, uns in eine Situation hineinzuziehen. Die Analyse des Kinos zeigt das deutlich, in der Regel erlebt man sich mitten im Filmgeschehen. Es stellt sich eine spezifische Verfassung her, die vom Pathischen dominiert erscheint.

---

[27] In nahezu ähnlicher Weise charakterisiert bereits William James das Empfinden im Kontext seiner Überlegungen zum Erlebensstrom. Linschoten (1921) faßt dessen Position folgendermaßen zusammen: „Empfindung ist ein Erleben, nämlich das primitive Erleben der Welt und der Dinge selbst. Unser frühestes Erlebnis ist fast ausschließlich ein Erleben eines *Dies* und *Das*. ... Das Empfinden ist bereits Welterleben, es ist die Wirklichkeit selbst, so wie sie *anfängt* zu erscheinen" (ebd., 68). Auch der eindeutige Bezug zum Sinnlich-Leiblichen geht James nicht verloren, wenn Linschoten feststellt: „Wenn man in einem Zustand passiver Hingabe, völlig pathischen Miterlebens, nach Tönen lauscht, dann bleibt letztlich nichts anderes übrig als 'das Erlebnis körperlicher Empfindungszuständlichkeit'" (ebd., 58).

Zum zweiten weist Straus auf eine Schwierigkeit hin, der eine Auseinandersetzung mit Phänomenen des unmittelbaren sinnlichen Erlebens immer wieder begegnet. Gemeint ist die bereits kurz angesprochene Problematik der Beschreibung einer Verfassung, die sich originär durch ihre Vorsprachlichkeit (Vorbegrifflichkeit) und Präreflexivität auszeichnet. Die Sprache als reflexives und feststellendes Medium, das ein Geschehen in der Darstellung in ein Nacheinander zwingt, vermag nur mit großer Geschicklichkeit, die Gleichzeitigkeit und das Involviertsein im Geschehen des Unmittelbaren zum Ausdruck zu bringen. Von dieser methodisch relevanten Problematik berichten zahlreiche Autoren. Ihre Versuche, dem Unmittelbaren eines Geschehens methodisch in Form von beschreibenden (qualitativen) Verfahren so nah wie möglich zu kommen, führen die Schwierigkeit dieses Unterfangens deutlich vor Augen.[28]

Dem Pathischen gegenüber stellt Straus eine Verfassung, die er als das *Gnostische* bezeichnet, womit eine erkennende Form der Welthabe gemeint sei. Gnostisch etwa sei das Wahrnehmen, das als (erkennende) Form des Bestimmens und Feststellens verstanden werden müsse. „Das gnostische Moment hebt nur das Was des gegenständlich Gegebenen heraus, das pathische das Wie des Gegebenseins hervor" (Straus, 1960b, 151). Thema des Wahrnehmens sei das Faktische. Dabei gehe es um ein Bestimmen, um ein Feststellen und Festlegen. „Im Wahrnehmen unterbreche ich den fortdauernden Strom des Empfindens. ... Im Bestimmen, noch ehe die Bestimmung gelungen ist, wird die Unmittelbarkeit des sinnlichen Empfindens preisgegeben" (Straus, 1956, 348).

Den Wechsel zwischen beiden Verfassungen, der auch als eine Regulation von Nähe und Distanz zur Wirklichkeitserfahrung verstanden werden kann, erläutert Straus an verschiedenen Beispielen. „Der Gegensatz von Wahrnehmen und Empfinden ist nicht als ein Wechsel von Funktionen zu verstehen. Wollen wir versuchen, den Gegensatz an einzelnen Phänomenen aufzuzeigen, so ist es der von Sehen und Ansehen, von

---

[28] Vgl. hierzu etwa Balint (1994, 59f), Schönhammer (1991, 266f; 1994, 75) und die Ausführungen im Kap. 5.1 dieser Arbeit.

einem Blick des Einverständnisses und einem beobachtenden Blick, vom liebkosenden Streicheln zum ärztlichen Palpieren. Arzt und Kranker begegnen sich in der Wahrnehmungswelt ... Für den Arzt wird der Leib des Patienten zum Körper, an dem er mit tastender Hand diagnostische Feststellungen macht, Feststellungen, die wiederholbar und mitteilbar sind. Diese Veränderung der Kommunikation ist für das ärztliche Handeln notwendig; sie macht es auch dem Kranken erst möglich, dem Arzt seinen entblößten Leib darzubieten und zu überlassen" (ebd., 349).

Den Unterschied zwischen beiden als Verfassung zu verstehenden Modi der Welthabe, des Pathischen und Gnostischen, macht Straus auch deutlich, wenn er von einem „landschaftlichen" und einem „geographischen Raum" (ebd., 345f) spricht, die in den jeweiligen Haltungen maßgeblich sind. Während im geographischen Raum das Faktische und Feststellend-Bestimmende des Wahrnehmens regiert, bestimmt sich der landschaftliche Raum durch die Unmittelbarkeit des sinnlichen Erlebens. Der landschaftliche Raum sei bestimmt durch den Gestaltungsmodus des Empfindens, also der Nähe und Ferne, des Sympathischen und Antipathischen. Der Mensch sei in eine unmittelbare Perspektivität bzw. einen (beengten) Horizont eingebunden, dem sämtlicher reflexiver Charakter fehle. So kann Straus auch Ähnlichkeiten zur Welt des Tieres und des Kindes herstellen, in dem die Welt des Empfindens nahezu unverstellt realisiert scheint.[29]

Die alltäglich gelebte und konstruierte Welt des Menschen sei aber nicht primär die des Empfindens, sondern die des Wahrnehmens. Straus spricht sogar von der Notwendigkeit des Durchbrechens dieser unmittelbaren Welt, in der es sich zwar ange-

---

[29] Auch in der modernen Säuglingsforschung spielt das Empfinden und die durch diesen Modus erfahrene Welt eine entscheidende Rolle. Gerade die erste Zeit der ontogenetischen Entwicklung scheint geprägt von einer Wirklichkeitserfahrung, die sich primär über Formen des Empfindens herstellt. Wahrnehmen und Erkennen stellen spätere Seinsmodi dar und entwickeln sich aus dem Primat des Empfindens. Als Erfahrungsmodus bleibt das Empfinden als zentrale Form der Welthabe über die Dauer des gesamten Lebens erhalten. Stern (1992) schreibt dazu: „Ich komme zu dem Ergebnis, daß der Säugling während der ersten beiden Monate aktiv ein Empfinden seines auftauchenden Selbst entwickelt. Es ist das Empfinden einer im Entstehen begriffenen Organisation, und es ist ein Selbstempfinden, das während des gesamten weiteren Lebens aktiv bleiben wird" (ebd., 61).

nehm, aber auch nur eingeengt auf einen bestimmten Horizont leben lasse. Da der Empfindensmodus der Welterfahrung der primäre sei, müsse der damit gegebene Horizont tagtäglich, „von Augenblick zu Augenblick neu" (ebd., 346) gesprengt werden.[30] Dieses Durchbrechen oder Sprengen des Empfindens-Horizonts sei zu typisieren als eine Verneinung, genauer als eine „existentielle Verneinung, ein Aufstieg zu einer höheren Ebene" (ebd.), wobei in diesem Akt, dem man sich nur schwer widersetzen kann, das zu Verneinende, die Landschaft, niemals ganz verloren gehe. Der Primat der Wirklichkeitserfahrung - in der Einheit von Empfinden und Sich-Bewegen gegeben - bleibe als Fundament bestehen, werde aber durch die jeweilig dominierende Verfassung des Wahrnehmens oder Erkennens moduliert bzw. überformt.[31]

Zurück bleibt aber so etwas wie eine Sehnsucht nach der Zuständlichkeit des unmittelbar Verfaßten, in dem sich, eingebettet in ein durch Reflexionen ungestörtes Dahin des Lebensflusses, glückshafte Momente einstellen würden. „In glücklichen Stunden gelingt es uns zuweilen einmal, wieder in der Landschaft Fuß zu fassen" (ebd.). Wenn Straus nun in weiterer Folge darlegt, daß dieses Fußfassen in der Landschaft, man könnte auch sagen, das (Wieder-)Herstellen einer bereits bekannten Verfassung, „nicht möglich [ist] durch ein *absichtliches* Bemühen, die Verneinung, den Durchbruch des Horizontes zu unterlassen" (ebd., Hervorh. Verf.), und wenn er weiter meint, daß diese Stunden nur so lange glücklich seien, „als uns noch nicht merklich geworden, daß auch sie vergänglich sind, von der Zeit verzehrt zu werden" (ebd.), dann kommen seine Ausführungen denen zur Analyse des Glückserlebens von Blothner (1993) bzw. den bereits angesprochenen zur Freude am Tun von Csikszentmihalyi (1985, 1995) sehr nahe. Entscheidend sei der Charakter des Zufallens und die Betonung der Unmöglichkeit des Herstellens solcher glücklicher Stunden. So seien sie

---

[30] Im Original: „Der Mensch gelangt in seine Welt und zu seiner Welt nur durch eine Sprengung der Horizonte des Empfindens." (Straus, 1956, 345f.).
[31] Buytendijk (1958) vertritt hier eine vergleichbare Position, wenn er von der für den Menschen spezifischen Haltung des Reflexiven spricht. „*Die spezifische menschliche Haltung ist eine reflexive.* Diese Haltung bedeutet eine Befreiung von den unmittelbaren und darum eindeutigen Bezügen zur Situation. Durch diese Befreiung, die *nie vollständig* sein kann - ja sich oft nur vage meldet -, weil der Mensch als Lebewesen immer auch der Natur verschrieben ist, entsteht die ursprüngliche Zweideutigkeit unseres Seins und unseres Tuns" (ebd., 179).

eben „wie alles, was das Glück spendet, selten und geschenkt. Sie lassen sich nicht erzwingen" (Straus, 1956, 346).

Abschließend stellt sich im Kontext der Ausführungen eines phänomenologischen Standpunktes die Frage, ob die Bewegung, fußend auf der Einheit von Empfinden und Sich-Bewegen, dann aber auch ausgestaltet in der sportartspezifischen Bewegung, nicht als ein Bemühen zu erkennen und verstehen sei, jene glücklichen Momente oder Stunden nicht gerade zu erzwingen, aber - zumindest der Sehnsucht nachgehend - sie herstellen zu wollen. Vielleicht führt dieser Weg zu einem besseren Verständnis jener Besessenheiten, die sich im Umfeld des Sports so leicht beobachten lassen.

3.2 Das Unmittelbare aus psychoanalytischer Perspektive

In seiner Abhandlung „Zum Unbehagen in der Kultur" (Orig. 1930) behandelt Freud (1989g) eingangs die Frage nach dem „ozeanischen" Gefühl, welches nach Meinung seines Freundes Romain Rolland als die entscheidende „Quelle der religiösen Energie" zu betrachten sei (ebd., 197). Ozeanisch meine dabei „ein Gefühl wie von etwas Unbegrenztem, Schrankenlosem" (ebd.), das sich vor allem durch ein bestimmtes Verhältnis von Ich und Welt bestimmen lasse und womit der Mensch „durch ein *unmittelbares* ... Gefühl Kunde von seinem Zusammenhang mit der Umwelt erhalten sollte... Also ein Gefühl der unauflösbaren Verbundenheit, der Zusammengehörigkeit mit dem Ganzen der Außenwelt" (ebd., 198; Hervorh. Verf.). So charakterisiert kann es wohl als eine Form der eingangs behandelten gesteigerten Gegenwartserfahrung betrachtet werden, hier am besten als eine Weise harmonischen Erlebens. Das ozeanische Gefühl wird seinem phänomenalen Gehalt nach psychologisch in die Nähe der Verliebtheit oder pathologischer Zuständlichkeiten gerückt.

Obwohl Freud von sich selbst behauptet, dieses sonderbare Gefühl bei sich selbst nicht entdecken zu können, widmet er dieser seelischen Verfassung, die durch eine spezifische Konfiguration des Mensch-Welt-Verhältnisses bestimmt wird, seine Aufmerksamkeit und knüpft daran seine Auffassung von Kultur und deren Entwicklung an. Die kulturtheoretischen Überlegungen Freuds einmal beiseite lassend, interessiert in diesem Zusammenhang seine Erklärung zum ozeanischen Gefühl, die auf eine bestimmte Konstellation im Verhältnis von Subjekt und Objekt und auf einen entwicklungspsychologischen Kontext verweist. Freud führt aus, daß das Gefühl des Erwachsenen von einem Ich oder Selbst eine „Entwicklung durchgemacht" habe, die folgendermaßen zu rekonstruieren sei: Der Säugling befinde sich anfänglich in einer Zuständlichkeit, in der Ich und Außenwelt noch ungeschieden seien. „Der Säugling sondert noch nicht sein Ich von einer Außenwelt als Quelle der auf ihn einströmenden Empfindungen" (ebd., 199) ab. Allmählich lernt er - vermittelt durch ein Gewahrwerden und Zuordnenkönnen von Empfindungen als zu sich selbst oder zur Außenwelt gehörig -, „Objekte" auszugliedern, indem sie als etwas Außerhalb-

Stehendes bestimmbar und folglich auch bestimmt werden. In einem zunehmenden Differenzierungsgeschehen, geleitet vom Einsetzen des Realitätsprinzips, lernt der Säugling immer besser zwischen Eigenem und Anderem zu unterscheiden.

Mit Blick auf den differenzlosen Ausgangszustand kann Freud daher ein früheres, allumfassendes Ich, welches nun für das Erleben des sog. Ozeanischen verantwortlich sei, von einem späteren, kleineren Ichgefühl unterscheiden. „Ursprünglich enthält das Ich alles, später scheidet es eine Außenwelt von sich ab. Unser heutiges Ichgefühl ist also nur ein eingeschrumpfter Rest eines weit umfassenderen, ja - eines allumfassenden Gefühls, welches einer innigeren Verbundenheit des Ichs mit der Umwelt entsprach" (ebd., 200). Das ozeanische Gefühl ist also als ein Rest dieses ursprünglich weiten Ichs zu verstehen.

In dieser Erklärungsweise findet sich eine Auffassung von der Entwicklung des Psychischen wieder, wie sie Freud (1989d) erstmalig in seinem Aufsatz „Zur Einführung in den Narzißmus" (Orig. 1914) entwirft. Darin befaßt er sich u.a. mit der Frage nach dem sog. „primären oder normalen Narzißmus" (ebd., 41f.), was nichts anderes meint als die „Vorstellung einer ursprünglichen Libidobesetzung des Ichs, von der später an die Objekte abgegeben wird" (ebd., 43). Ganz im Sinne der bisher aufgezeigten Logik weist der Kern dieser Theorie auf einen Entwicklungszustand hin, in dem das Vorhandensein bzw. die Erfahrung einer äußeren (Ding-)Welt noch nicht realisiert, d.h. vom Individuum hergestellt ist. In der frühen Zeit unseres Daseins gab es keine Objekte, vielmehr einen *undifferenzierten Ganzzustand.*

Der Grundgedanke einer spezifischen Subjekt-Objekt-Konstellation, am Beginn der ontogenetischen Entwicklung in heuristischer Weise als undifferenzierter Ganzzustand angenommen, wird von zahlreichen Vertretern der Psychoanalyse aufgegriffen und weitergeführt. So spricht etwa Abraham (1969) vom frühkindlichen Stadium als einer Zeit, in der „das Kind noch nicht zwischen seinem Ich und einem Objekt außerhalb desselben zu unterscheiden vermag" (ebd., 38), Winnicott (1978) von einem Zustand, „wo noch nichts als Nicht-Ich ausgesondert worden ist" (ebd., 31). Balint (1994) setzt in seinem Ansatz von der „primären Liebe" zwar eine Erfahrung der äußeren

Welt voraus, stellt zwischen ihr und dem Individuum aber die Zuständlichkeit der „Harmonie" fest, die sich wiederum bemerkbar macht in einer „fast vollkommenen Identität zwischen dem Individuum und seiner Umwelt" (ebd., 54). Für alle gilt die Überzeugung, daß den Beginn der ontogenetischen (frühkindlichen) Entwicklung ein *Zustand allgemeiner Undifferenziertheit* und das *Fehlen einer Gegenüberstellung von Subjekt und Objekt* kennzeichnen.[32]

Es fällt nun nicht schwer, diesen frühen Zustand als eine komplette seelische Verfaßtheit zu verstehen, als eine Organisationsform, deren wesentliches Merkmal im unmittelbaren, sinnlichen Erleben zu sehen wäre, was wiederum durch Auffassungen der modernen Säuglingsforschung unterstrichen wird, wenn etwa Stern (1992) das Selbstempfinden, welches als primärer und erster Seinsmodus ausgewiesen wird, bereits als eine funktionierende „Organisationsform" oder ein „invariantes Gewahrseinsmuster" (ebd., 20) bezeichnet. Dabei betont er ausdrücklich, daß mit dieser kompletten seelischen Verfassung des Selbstempfindens die „Ebene unmittelbaren Erlebens" (ebd.) gemeint ist, das (noch) fern ist von jeglicher Form von Begrifflichkeit und Selbstreflexion.

Die Hinweise zur psychoanalytischen Sichtweise der Ontogenese seelischer Entwicklung zum Zeitpunkt des frühkindlichen Stadiums mögen verdeutlicht haben, daß die Vorstellung von einem unmittelbaren sinnlichen Erleben mit einer veränderten Subjekt-Objekt-Relation in Verbindung gebracht wird. Damit spricht die Psychoanalyse der Ausbildung und Installation des Objekt-Konzepts - also das uns aus dem Alltag bekannte Wahrnehmen von Dingen als von uns abgetrennten, uns gegenüberstehenden Gegenständen - eine besondere Position in der Entwicklung des Psychischen zu. Zudem räumt sie der seelischen Dynamik die Möglichkeit ein, durch Regression zeitlich frühere und damit meist „primitivere" Formen seelischer Gesamtorganisationen als psychische Verfaßtheiten etablieren zu können.

---

[32] Vgl. dazu auch die in neuerer Zeit entwickelte Auffassung von Grunberger (Kaminer, 1999).

Die mit der Aneignung von Gegenständen verbundene Kultivierung des Seelischen führt notgedrungen zu Anpassungs- und Verzichtsleistungen, die den polymorphperversen Strebungen des (kindlichen) Psychismus mißfallen (vgl. Freud, 1989b). Mit den zu erbringenden Kultivierungsleistungen handle sich der Mensch - laut Freud (1989g) - ein „Unbehagen" ein, das er durch zahlreiche Maßnahmen zu umgehen suche, etwa durch „mächtige Ablenkungen, die unser Elend geringschätzen lassen. Ersatzbefriedigungen, die es verringern, Rauschstoffe, die uns für dasselbe unempfindlich machen" (ebd., 207). Von daher legt sich der Schluß nahe, daß „wir viel glücklicher [wären], wenn wir sie [die Kultur; Anm. Verf.] aufgeben und in primitive Verhältnisse zurückfinden würden" (ebd., 217). Man könnte auch sagen, wenn man jene Formen der unmittelbaren (ursprünglichen und bestenfalls differenzlosen) Beziehung zwischen Objekt und Subjekt herstellen könnte, in denen die unbehaglichen Kultivierungsleistungen für Momente nicht mehr zu erbringen wären.

Es ist einer der zentralen Gedanken der vorliegenden Untersuchung, im Sport die Möglichkeit einer kurzzeitigen Modulation der Beziehung zwischen Subjekt und Objekt zu sehen, wodurch sich eine Verfassung des Unmittelbaren einstellt, die temporär das Unbehagliche des Kulturlebens zurückdrängt, vielleicht sogar auflöst.

Wie bereits angedeutet, werden Zustände veränderter Subjekt-Objekt-Verhältnisse, vor allem die Reduzierung der Gegenüberstellung beider, von der Psychoanalyse in diversen Zusammenhängen aufgezeigt. Neben der Verliebtheit (Freud, 1989d), dem Übergangsobjekt (Winnicott, 1985), allen Formen der Ekstase (Balint, 1994), um nur einige wenige anzudeuten, soll besonders auf die Psychologie der Masse hingewiesen werden, in der es nach Freud (1989f) zu beeindruckenden Veränderungen der Ich-Festigkeit kommt, indem Individuen „in der Masse zu einer Einheit verbunden sind" und in einer „Massenseele" aufgehen (ebd., 68), in der man sich kurzzeitig wohlig aufgehoben fühlen kann.

Unmittelbares, leibnah-sinnliches Erleben wäre somit aus psychoanalytischer Perspektive als Versuch einer Herstellung jener frühen, einfachen, am leibnahen Empfinden organisierten seelischen Verfassung zu verstehen, die so maßgeblich für die ersten Wirklichkeitserfahrungen des Säuglings zu sein scheint. Daß jene frühe „Lebenswelt des Säuglings" ein hohes Maß an Attraktivität besitzt, läßt sich im klinischen Alltag ohne große Mühe etwa an Kindern beobachten, die aufgrund psychischer Überlastung einen bereits differenzierten Entwicklungsstand zugunsten eines früheren (einfach-primitiveren) aufgeben.

3.3 Das Unmittelbare aus der Perspektive einer Handlungspsychologie

Als dritten Zugang zum Unmittelbaren in der psychologischen Theorienbildung sei hier die Handlungspsychologie besprochen, da sie vor allem im Bereich der Sportpsychologie in den letzten Jahren verstärkt in Erscheinung getreten ist und mit ihrer „Zentraleinheit" (Nitsch, 1986, 188) *Handlung* eine Perspektive einzunehmen imstande ist, die nicht notgedrungen einem opponierenden Subjekt-Objekt-Bezug ausgeliefert bleiben muß, sondern als eine übergreifende Einheit analysiert werden und damit direkt an die Verhältnisse des Unmittelbaren führen kann.

Als wesentliche Bestimmungspunkte einer Handlungspsychologie bezeichnet Nitsch die Organisation von Handlungen, deren Struktur und Entwicklung (Werden). „Wie sind Handlungen organisiert, d.h., welche psychische Struktur weisen sie auf, und wie laufen sie ab. D.h., welche Phasen sind für den Handlungsablauf charakteristisch" (ebd.; im Original kursiv). In erster Linie gehe es zudem der Handlungspsychologie „um die Aufdeckung der 'Logik' menschlichen Handelns" (ebd., 189).

Damit ist ein Programm umrissen, welches die menschliche Handlung als *die* zentrale Behandlungs- und Analyse-Einheit wissenschaftlicher Erkenntnisfindung ausweist und dabei implizit dem Funktionieren von Handlungen eine eigene Logik unterstellt. Programmatisch eröffnet die Handlungspsychologie damit einen neuen Raum für Erklärungen von menschlichen Tätigkeiten, die sich nicht nur am rationalistischen Paradigma der Aufklärung orientieren, sondern der Eigenlogik der untersuchten Handlungen ihr Recht einräumen. Mit dieser Auffassung steht sie etwa den Ansätzen der Gestalt- und Ganzheitspsychologie[33] wie auch den diversen Ausrichtungen der Tiefenpsychologie nahe, in denen übereinstimmend davon ausgegangen wird, daß mit den untersuchten Einheiten (Verlaufsgestalt, Entwicklung von Ganzheiten, Fehlleistungen in Handlungsabläufen etc.) eine dem Handlungsganzen ent-

---

[33] Nitsch weist auf diese Nähe hin, wenn er etwa von einem „Rückgriff" der Handlungspsychologie „auf schon weit frühere Ansätze aus der vor allem von Lewin geprägten gestalt- und feldtheoretischen Tradition und der sowjetischen Psychologie um Rubinstein" spricht (Nitsch, 1986, 194).

sprechende Logik zu unterstellen sei, die, wie die Analysen etwa von Zwangshandlungen zeigen, weniger formal-logischer, als vielmehr psycho-logischer Natur zu sein scheint.

Nitsch bekräftigt die handlungspsychologische Programmatik in vier Grundannahmen: System, Intentionalität, Regulation und Entwicklung (vgl. ebd., 200ff.). Sie basieren als Vorentwurf (Postulate) einer „weitgehend auf den Annahmen der Phänomenologie" (Janssen, 1995, 14) gründenden handlungspsychologischen Konzeption. Damit werden all jene Erkenntnisse als Fundierung einer handlungspsychologischen Position verwandt, wie sie bereits in gestaltpsychologischer und phänomenologischer Tradition entwickelt wurden, so etwa, wenn ganz im Sinne der feldtheoretischen Überlegungen Lewins Handlung „als dynamische Einheit von Person und Umwelt" (Nitsch, 1986, 201) verstanden wird.

In bezug auf weniger an den Grundlagen eines phänomenologischen Wissenshorizontes angelegten handlungspsychologischen Konzeptionen wäre an dieser Stille kritisch anzumerken, daß deren intendierte Programmatik, Handlungen zum Gegenstand der Forschung zu erheben, in den Realisierungen konkreter Forschung allzu oft übergangen wurde, indem sie sich etwa an der Darstellung des Zusammenhangs einzelner Elemente oder Teilfunktionen interessiert zeigt und weniger die in ihrem Ansatz explizit geforderte und jene Einzelteile übergreifende Ganzheitscharakteristik von Handlungen in den Blick nimmt. Damit folgt sie den Setzungen klassischer, primär elementaristischer Positionen, deren Ablösung ja zum erklärten Ziel erkoren wurde. In diesem Sinne stellt etwa Ennenbach (1991) in bezug auf das Handlungsgrundmodell von Kaminski (1981) kritisch fest: „Handlungstheorien dieser Bauart sind keine Weiterführung. Sie kaschieren traditionelles Denken unter modisch apparativem Zubehör" (ebd., 139).[34] Ein solches Vorgehen versperrt sich die Möglichkeit, Handlung auch als Zugang zum Unmittelbaren verstehen und rekonstruieren zu können.

---

[34] Vgl. hierzu vertiefend die Kritik Ennenbachs an diversen Ausformulierungen handlungstheoretischer Modelle (1991, 136ff.).

In der handlungspsychologischen Konzeption von Salber (vgl. 1986) finden sich die Grundzüge der aufgeworfenen Programmatik ebenfalls ausgewiesen. Das Ziel dieser Konzeption ist in einem konsequenten Denken von Handlungen aus zu sehen und im Versuch, den Aufbau und Ablauf von Handlungen rekonstruierend nachzuzeichnen. Handlungen werden darin - in Anlehnung an die Gestaltpsychologen und vor allem an Lewin (1926), der bereits von „Handlungsganzheiten"[35] spricht -, als „Handlungseinheiten" bezeichnet, worunter „die *natürlichen Einheiten* des seelischen Verhaltens und Erlebens" (Salber, 1986a, 39) wie etwa Joggen, einen Brief schreiben, ein Kinobesuch, Mittagessen etc. in ihrem Ablauf verstanden werden und die aufgrund ihres selbstverständlichen Gelebtwerdens im Erlebensstrom des Alltags in ihrem gestalthaften Aufbau beinahe unbemerkt bleiben. Entscheidend in diesem Verständnis ist, daß das „'Subjekt' des Geschehens" (ebd., 41) nicht Subjekte (Individuen) oder Umweltgegebenheiten oder Aufgaben sind, sondern die Handlungseinheit selbst in ihrer übersummativen Charakteristik. Als solche sind sie organisierte und sich organisierende „Werdeformen". Sie werden durch „in sich verständliche Ordnungen" (ebd., 43) beschrieben, die also sowohl eine Ordnung als auch eine Psycho-Logik (Thema) aufweisen.

Organisiert werden die Handlungseinheiten durch formende Prinzipien, sog. „Bedingungen" oder „Faktoren". Namentlich sind dies die Einübung, die Historisierung, die Metamorphose, die Handlungseinheit (als spezifischer Faktor), die Organisation und die Verfassung (vgl. Salber, 1986). Mit der Gegenstandsbestimmung von Handlungseinheiten werden komplett organisierte seelische Einheiten oder Gestalten her-

---

[35] Lewin (1926) bestimmt die Handlungsganzheiten als „*zeitlich ausgedehnte Ganzheiten*, ... die eine Mannigfaltigkeit von bisher kaum durchforschten *Strukturtypen* zeigen. Sie können den Charakter 'fortlaufender' Handlungen haben oder auf ein bestimmtes Endziel hinsteuern; sie können dieses Ziel (wie manchmal beim Nachdenken) umkreisen oder sie können mit immer neuen Ansätzen von verschiedener Seite auf das Ziel losgehen, oder sie können die Struktur eines Sich-schrittweise-Näherns tragen usw. Schließlich besitzen solche Handlungsprozesse häufig typische '*Einleitungs*'- und '*Abschluß*'vorgänge (wie: Schlußpunkt machen, Aufatmen, betontes Hinlegen des fertigen Werkes), die sie als relativ gesonderte Ganzheiten von ihrem zeitlichen Umfeld abheben. ... Nicht minder wichtig wie die Gliederung im zeitlichen Nacheinander ist die Struktur der Handlungen als einer Ganzheit von Prozessen, die in verschiedener Tiefe und mit verschiedenem Gewicht gleichzeitig miteinander ablaufen. Auch hier gilt es zu sehen, daß gewisse Prozesse gestaltlich eng zusammenhängen, andere dagegen nicht." (ebd., 14f.)

ausgestellt, die als Produkt der Person-Umwelt-Konstellation angesehen werden können und somit jenseits der üblichen Dissoziation stehen. Mit ihnen rückt damit die Verbindungsstelle, das *Dazwischen* ins Blickfeld des Forschungsinteresses und folglich die Handlung als unmittelbares Geschehen. Die die Handlungseinheit bedingenden Faktoren stellen zugleich die Möglichkeit bereit, ein kategoriales Sensorium für sinnlich-leibliche Verhältnisse zu sein, so z. B., wenn etwa im Zusammenhang mit dem Faktor „Einübung" von einer „Verlebendigung" die Rede ist, bei der es zentral um das Bilden und Umbilden von „Einverleibungen" geht (ebd., 114). In diesen sich gegenseitig bedingenden Einverleibungsvorgängen der Einübung spiele die „Sinnlichkeit" wie auch die „Gegenständlichkeit" eine gleichermaßen entscheidende Rolle, denn „Sinnlichkeit ergänzt sich immer mit Ordnungsprinzipien in wechselseitiger Verlebendigung" (ebd., 115). Oder anders formuliert: „Seelisches erwächst aus den Sachen, und umgekehrt bezieht die seelische Form die 'Seele' der Dinge gliedhaft in ihre Gestalt ein" (ebd., 98). Aus dieser Logik wird ersichtlich, daß die Bedingung der Einübung einer Subjekt-Objekt-Scheidung zuwiderläuft. Sie macht deutlich, daß unter dieser psychologischen Betrachtung Erklärungen niemals auf ein für sich als eigenständig gesetztes Subjekt noch Objekt aufsetzen können.

In den so ausgewiesenen Handlungseinheiten, hier exemplarisch festgestellt im Faktor der Einübung, in ihrem Formaufbau und Funktionieren, wird deutlich, wie Unmittelbares (Sinnlichkeit, Sachen) und Formenbildung zu einem seelischen Leib oder *Handlungsleib* werden. Mit anderen Worten: wie Person und Umwelt miteinander in Beziehung treten und Handlung werden. Damit wäre hier in aller Kürze ein Konzept angerissen, das sich im Konstruieren seiner Logifizierungen von jenem Zwischen-Charakter der Handlung leiten läßt und sich damit den Zugang zum Unmittelbaren offenhält.

3.4. Zusammenfassung der Explorationsergebnisse

Sowohl die Ausführungen zur Charakterisierung des Erlebens in Bewegung und Sport wie auch die Explorationsergebnisse der psychologischen Theorien, in denen sich Systematisches zur Thematik der Verfassung des Unmittelbaren auffinden ließ, sollen nun zusammengefaßt werden.

1. Die mit dem Erleben von Bewegung und Sport charakterisierten Erlebensweisen werden innerhalb der (sport)psychologischen Auseinandersetzung als Formen einer *gesteigerten Wirklichkeitserfahrung* gekennzeichnet, die sich erlebtermaßen als ein „Mehr" und „Anders" vom Alltagserleben abhebt.

2. Als solche sind sie nachweislich durch das Dominieren sinnlich-leiblicher Qualitäten bestimmt, die ein unverstelltes, direktes, unmittelbares Erfahren von Wirklichkeit zur Verfügung stellen.

3. Die begrifflich als 'das Unmittelbare' gefaßte Wirklichkeitserfahrung sinnlich-leiblichen Charakters spielt sich als eine den ganzen Menschen ergreifende komplexe - das Seelische verfassende - Organisationsform ein. Sie wird als Produktion begriffen.

4. Als ein die Phänomene und psychologischen Theorien übergreifender Zusammenhang jener Verfassung des Unmittelbaren kann ein Wandel im konventionellen Verhältnis zwischen Subjekt und Objekt festgestellt werden.

5. Der Wandel organisiert sich über die entdifferenzierenden Stationen der Annäherung und Verschmelzung in Richtung einer Unterschiedslosigkeit von Ich und Welt, worin entwicklungspsychologisch ein (Rück-)Schritt in frühe (primitive) Formen der Welterfahrung erkannt wird.

6. Qualitativ erlebenswirksam wird jene veränderte Ich-Welt-Relation im Erfahren des Gegenständlichen; nun nicht mehr als (opponierend-widerständig) Gegenüberstehendes, sondern als (in eine gemeinsame Richtung gebrachte) Mitgegebenheit.

Zur Bestimmung des Gegenstandes der vorliegenden Untersuchung wurden an erster Stelle Phänomene befragt. Sie gaben die Richtung vor, aus der heraus an zweiter Stelle psychologische Theorien durchforstet wurden, um den Vorentwurf der Phänomenlage mit systematischen Aussagen zu ergänzen. Als Gegenstand konnte dabei eine spezifische seelische Organisationsform herausmodelliert werden. Damit ist der Versuch einer Gegenstandsbildung abgeschlossen. Die Arbeit wendet sich nun einer genaueren entwicklungs- und strukturpsychologischen Untersuchung des nun bestimmten Gegenstands zu, der Verfassung des Unmittelbaren.

4. Entwicklungspsychologische Fundierung des Unmittelbaren

In den Explorationen zum Problemkreis des Unmittelbaren konnte in zahlreichen Zusammenhängen die Bedeutung der Subjekt-Objekt-Relation deutlich gemacht werden. Insbesondere deutete sich darin an, daß dem *Konzept des Gegenständlichen* eine besondere Stellung in der Produktion dessen, was als Verfassung des Unmittelbaren verbegrifflicht wurde, zuzukommen habe, und zwar insofern, als ein unmittelbarer Weltbezug - und damit die Möglichkeit des Erlebens einer gesteigerten Wirklichkeitserfahrung - sich dann einstelle, *wenn die als eine gegenüberstehend konstruierte Gegenständlichkeit in ein verändertes Verhältnis (Mitsein) gebracht werde*. Im folgenden soll es um die Erkundung der Bedingungen der Möglichkeit gehen, ein solch verändertes Verhältnis *generell* herstellen zu können. Mit anderen Worten formuliert, wie es überhaupt psychologisch-konstitutionell möglich sei, die Alltagserfahrung einer klaren Subjekt-Objekt-Opposition aufzuweichen und zu anderen Formen verändern zu können.

Um einen Zugang zu dem das Subjekt-Objekt-Verhältnis fundierenden Bedingungen finden zu können, wird hier, ausgehend von der Erkenntnis, daß die Ausbildung des Konzeptes von Gegenständlichkeit einem Werden unterlegen ist, eine entwicklungspsychologische Perspektive eingenommen. Die Abhandlung orientiert sich dabei an den Ausführungen Heubachs (1996) zu einer „Theorie der psycho-logischen Gegenständlichkeit der Dinge". An seinen Überlegungen entlang wird die Entwicklung und Ausbildung des Konzepts von der Gegenständlichkeit verfolgt, das sich in seinem Kern als eine Bewegung des Auseinandertretens von Ich und Welt rekonstruieren läßt und in einer deutlichen Ausbildung dessen endet, was man gemeinhin als das in rationalen Kategorien faßbare Objekt zu kennzeichnen pflegt. Mit der Darstellung dieses etappenweisen Entwicklungsverlaufs liegt dann ein Raster zugrunde, das als Folie für den im sportlichen Bewegungsvollzug angenommenen rückwärts gerichteten Gang dienen kann, also vom opponierenden zum mitgegebenen Verhältnis von Subjekt und Objekt.

4.1 Das Gegenständliche in der phasenspezifischen Entwicklungsordnung

Heubach rekonstruiert die entwicklungspsychologischen Zusammenhänge, die sich in bezug auf die Ausbildung und Entwicklung eines Konzeptes von Gegenständlichkeit, also dem, was am Ende dieser Entwicklung als „das Objekt" bezeichnet wird, aufzeigen lassen. Um diese Entwicklung darstellen zu können, führt er eine Untersuchung des Gegenständlichkeitskonzepts im Kontext psychoanalytischer Vorstellungen zur Phasenlehre frühkindlicher Sexualentwicklung nach Freud und Erikson durch und ergänzt diese dann mit Erkenntnissen aus der klassischen Entwicklungspsychologie.[36]

Die Psychoanalyse entwickelte bekanntlich bzgl. der frühkindlichen (Sexual-) Entwicklung die Vorstellung einer phasenspezifischen Entwicklungsordnung. Ausgehend von einer Polymorphie (polymorph-perverse Anlage) frühkindlicher Sexualität (vgl. Freud, 1989b, 97) können diese Phasen - namentlich die orale, die analsadistische und die phallisch-genitale - als konkrete Ausgestaltung dieser polymorphen Grundstruktur der frühkindlichen Erfahrungszusammenhänge verstanden werden. Davon ausgehend, daß die Freudsche Phasenlehre auch als eine „allgemeine, umfassende Entwicklungstheorie zu interpretieren" (Heubach, 1996, 72) sei, untersucht Heubach die Psycho-Logik der einzelnen Phasen in bezug auf die darin enthaltene Typik des Gegenständlichen, fragt also „nach der psychologischen Realität des Gegenständlichen in den einzelnen Phasen" (ebd., 73) des Freudschen Ansatzes. Diesen ergänzt er mit den Systematisierungsversuchen Eriksons, worin die Phasen weniger sexualtheoretisch als vielmehr auf generelle seelische Problemlagen und deren Lösung hin interpretiert werden.

Die meisten analytischen Autoren würden - so Heubach - in der heuristischen Annahme eines intrauterinen Zustands übereinstimmen, in dem Bedürfnis und Befrie-

---

[36] Heubach (1996) bezieht sich dabei auf Arbeiten von Katz, C. Bühler, Hetzer, Sander, Volkelt, Rubinow, Frankl, Spitz, Piaget, W. Stern, K. Bühler, Werner, Gesell, Meili, Remplein.

digung gleichsam zusammenfielen. Mit der Geburt erfahre diese Einheit ein *Schisma*. Das zuvor subjekt- und objektlose Kontinuum des pränatalen Zustandes werde durch im Stillverhalten notwendig auftretende zeitliche Verzögerung der Befriedigung aufgespalten, womit sich das Erlebnis von Mangel, die „Erfahrung von etwas nicht-Eigenem, vom Anderen" (ebd.) einstelle.

Um diesen Problemkreis drehe sich die Thematik der *oralen Phase*. Die mütterliche Brust bilde das Erfahrungszentrum dieser ersten konfliktuösen Begegnung mit einem Objekt. Die Art des folgenden Stillverhaltens entscheide im weiteren über die Ausbildung eines Urvertrauens oder Urmißtrauens (Erikson, 1961), wobei dem Rhythmus des Stillens eine entscheidende Rolle zugewiesen wird. In einer „weitgehend undifferenzierten Beziehung des Säuglings zur Umwelt" schaffe der Rhythmus die früheste Form von „Ordnung und Einheit" (ebd., 74). *Regelmäßige, rhythmisch wiederkehrende Sättigungserfahrungen* würden damit nach Erikson zur Ausbildung eines *Urvertrauens* führen.

Die im *Rhythmus* bewerkstelligte Ordnung und damit temporäre Lösung des Schismas von Bedürfnis und Befriedigung würde nach Heubach zur Entwicklung eines Gegenstandskonzepts führen, welches das Gegenständliche zugleich vom Eigenen getrennt und ihm zugehörig erscheinen ließe, „als das Außen des Eigenen" (ebd.). Die Dinge würden auf dieser frühen Stufe „wie gute Geschwister erfahren werden und als *Komplement* des Selbst fungieren" (ebd.). Das Andere, im ersten Falle die Mutterbrust, werde also generell als etwas erlebt, was *in einer gemeinsamen Ordnung mit dem Eigenen steht.*

Im gegenteiligen Falle, also bei unregelmäßigem oder unzureichendem Stillverhalten und dem sich damit ausbildendem *Urmißtrauen*, werde das Gegenständliche, die Mutterbrust, da sie sich ständig entzieht, als gegen die eigene Ordnung gerichtet erlebt. Das Andere wird weniger als Geschwister, denn vielmehr als „Verräter oder als Diktatoren" (ebd.) erfahren, die das Gegenständliche als *Differenz* zum Eigenen erfahren lassen.

In der zweiten Phase, der *anal-sadistischen*, stehe die Sauberkeitserziehung im Vordergrund. An der Art und Weise, wie die Umwelt auf die Bestrebungen reagiert - freizügig versus überstreng -, die Sphinkterfunktion zu beherrschen, bilde sich nach Erikson entweder *Autonomie* oder grundlegend *Scham* und *Zweifel* an den eigenen Fähigkeiten heraus. Entscheidend an dieser Phase sei, daß das Kind lerne, „aktiv und willentlich etwas einzubehalten oder von sich zu geben" (ebd., 75). Gegenständliches werde daher erstmalig im Bedeutungsraum des *Hergestellten* erfahren. „Es wäre ihm nicht mehr wie noch in der oralen Phase etwas vornehmlich Entgegentretendes, das entweder einzuverleiben oder abzuwehren ist, sondern etwas von ihm selbst Herausgesetztes" (ebd.).

Im Verlauf einer toleranten Sauberkeitserziehung (Autonomie) würde sich also am Umgang mit der Fäzes das Konzept des Gegenständlichen als ein „*hergestellt* Anderes, als ein *befremdetes* Eigenes" (ebd.) im Sinne eines *Produktes* entwickeln, wobei dem Gegenständlichen im Rahmen einer überstrengen Handhabe „eher die Qualität eines zu erbringenden *Opfers* zukommen" (ebd.) würde.

Die *phallisch-genitale* Phase sei geprägt von einer voll ausgebildeten Motorik, die das Kind in die Lage versetze, der auftretenden Dominanz sexueller Interessen nachzugehen. Praktiken der Selbstbefriedigung werden dabei als „lustvolle Selbst-Vergegenständlichung des Subjekts interpretiert. In ihr erlebe sich das Kind gleichzeitig als passiv und als aktiv, als Autor und zugleich Gegenstand (s)einer lustvollen Tätigkeit" (ebd., 76). Andere Gegenstände werden zum Mittel eigener Luststrebungen dementsprechend in sie eingebaut. Wiederum führe nach Erikson eine tolerante Haltung diesen Tendenzen gegenüber zur Ausbildung von *Initiative*, eine allzu strenge Handhabung durch Verbote und Maßregelungen hingegen zu einem generellen *Schuldgefühl*.

In bezug auf diese Zweiteilung würde dann das Gegenständliche nach Heubach im Falle der Initiative als *Mittel* realisiert, worin das Eigene vermittelt wäre und was sich in einer allgemeinen Funktionslust Ausdruck verschaffe, während die Lösungsform des Schuldgefühls zu einer Erfahrung des Gegenständlichen als „gefährdeter und gefährdender *Besitz*" (ebd.) führe. Es seien ja die Gegenstände der Lust des Kindes, die durch die Einschränkungen oder Verbote der Erwachsenenwelt verloren zu gehen drohen.

Das Schaubild soll die zuvor dargestellten unterschiedlichen Gegenstandsbezüge veranschaulichen:

Phasen	Psychodynamik	Gegenstands-Konzept
orale Phase	Urvertrauen *vs.* Urmißtrauen	Komplement *vs.* Differenz zum Eigenen
anal-sadistische Phase	Autonomie *vs.* Scham, Zweifel	Produkt *vs.* Opfer
phallisch-genitale Phase	Initiative *vs.* Schuldgefühl	Mittel/Funktionslust *vs.* Besitz

Tab.: Konstruktion des Gegenstands-Konzepts in der jeweiligen Stufe psychodynamischer Entwicklung nach Heubach (1996).

Die auf Basis der psychoanalytischen Phasentheorie gewonnenen ersten Markierungen eines Verständnisses über das Gegenständliche sind für den vorliegenden Untersuchungszusammenhang von zweifacher Relevanz: Zum einen machen sie deutlich, wie sehr die Entwicklung dessen, was mit dem Konzept von Gegenständlichkeit verbunden ist, mit der Ausbildung und Entwicklung des Körperlichen (wie auch der Motorik) zu tun hat. Zum zweiten legen sie in rekonstruktionistischer Vorgehensweise ein detailliertes Bild der einzelnen Entwicklungsschritte oder -stufen des Konzepts der Gegenständlichkeit dar und stellen damit ein differenziertes Schema der diversen (ontogenetisch frühen) Formen des Subjekt-Objekt-Verhältnisses zur Verfügung.

4.2 Die Gestaltetheit (Morphologie) des Gegenständlichen

Die Ausführungen zur psychoanalytischen Entwicklungstheorie und die darin verwobenen Formen des Gegenständlichen als Rahmenkonzept nutzend, entwirft Heubach unter Einbezug der Forschungsarbeiten der bereits genannten Entwicklungspsychologen eine „Morphologie des Gegenständlichen", die - größtenteils ausgerichtet an der Logik der Phasenlehre - verschiedene Ausformungen (gestalthafte Lösungen) der Entwicklung des Konzepts „Gegenständlichkeit" beinhaltet.

Die unterschiedlichen Aussagen der zur Referenz herangezogenen Entwicklungspsychologen zusammenfassend, stellt Heubach als deren schulenübergreifende Gemeinsamkeit einen *Ausgangszustand der frühkindlichen Entwicklung* fest, der sich durch eine „allgemeine Undifferenziertheit und [das] Fehlen einer Subjekt-Objekt-Opposition" (ebd., 77) auszeichnet.[37] Man könne diese undifferenzierte Ganzheit auch als ein Total verstehen. Mit der Geburt bzw. in der nachgeburtlichen Situation[38] werde „notwendig die problematische Erfahrung eines Schismas gemacht ... [womit] ein undifferenziertes, subjekt- und objektloses Kontinuum aufbricht" (ebd.; Einfügung Verf.). Und Gesell zitierend, das Kind sei „am Anfang seines Lebens ... ganz Umwelt oder auch ganz 'Ich', je nachdem wie man will" (ebd.), stellt Heubach fest, daß jenes anfängliche Total entweder als umfassende Abhängigkeit oder auch als vollkommene Autonomie verstanden werden könne, eben wie man wolle. Entscheidend sei jener eine Subjekt-Objekt-Differenz (noch) nicht kennende undifferenzierte Zustand eines Totals.

Die weitere Entwicklungsrichtung sei nun klar vorgezeichnet: Das ursprüngliche Total beginne sich immer weiter in diverse Organisationsformen aufzuspalten. Das ur-

---

[37] Als Vertreter dieser Position führt Heubach etwa die Ganzheitspsychologen Sander, Volkelt und Krüger an, des weiteren Fröbel, Dilthey, Meilie, Remplein, Spitz und Hartmann. Vgl. dazu auch die Ausführungen zur psychoanalytischen Position in Kap. 3.2.
[38] Heubach möchte sich auf keinen zu fixierenden Zeitpunkt festlegen, sondern vielmehr der Logik des Entwicklungsganges folgen. Relevant sei lediglich die Erfahrung des Schismas, des Auseinanderreißens des ursprünglichen subjekt-objektlosen Kontinuums.

sprünglich differenzlose Kontinuum von Subjekt und Objekt entzweit sich über zuerst *komplex-diffuse* Formen bis hin zur letztlich differenziertesten Form - der *der klaren Gegenüberstellung von Ich und Welt* und dem Vorhandensein eines eindeutigen *Objekt-Konzepts*. Dabei übernehme das Gegenständliche eine wichtige Rolle in diesem differenzierenden und auseinanderführenden Geschehen.

Zur generellen Möglichkeit, Gegenständliches überhaupt erfahren zu können, gehöre die Notwendigkeit der *Aufspaltung* des anfänglich gegebenen Totals. Nur eine Spaltung, also ein Auseinandertreten von Eigenem und Anderem des undifferenziert Ganzen ermöglicht überhaupt die Entwicklung eines Konzepts von Gegen(über)ständlichkeit. Und in jedem Gegenständlichen sei deshalb die Spaltung präsent. Heubach kann daher resümierend feststellen, daß die Gegenständlichkeit *„grundlegend in einer Spaltung konstituiert* [ist]. Selbst in ihr bedingt, steht das Gegenständliche für eben diese Spaltung und repräsentiert es psycho-logisch den Verlust jenes Totals. Es verkörpert in einem ganz wörtlichen Sinn den Riß in jenem primären Kontinuum..." (ebd., 78; Hervorh. Verf.).

Für die Konstituierung des Gegenständlichen in dieser frühen Form sei eine (negative) affektive Dynamik ausschlaggebend. Das frühkindlich Gegenständliche sei wesentlich eines von affektiver Qualität. Das erste Auftreten von Gegenständlichem, das mit dem Zerreißen des ursprünglichen Kontinuums von Subjekt und Objekt gegeben war, sei von Anfang an mit negativen Affektionen verbunden. Heubach führt verschiedenste Autoren an, die mit ihren Arbeiten diese Ansicht stützen. So etwa Spitz, der von einer „Achtmonatsangst" spricht und mit dieser Beschreibung auf den Zusammenhang zwischen Objektbildung und Angst hinweist.[39]

---

[39] Weiter werden Autoren wie C. Bühler (1931) angeführt, die davon spricht, „daß die erstmalige Begegnung des psychophysischen Systems mit einem Reiz für dieses ein irgendwie negativ zu buchendes Ereignis ist" (zit. nach Heubach, 1996, 78) oder auch Meili (1957) , der sich dahingehend äußert, daß „der Zusammenhang zwischen der psychischen Konstituierung des Gegenstandes und dem Auftreten der emotionalen Reaktion des Ärgers frappierend ist" (zit. nach Heubach, 1996, 79).

Die analytische Auffassung wie die der klassischen Entwicklungspsychologen zusammenfassend stellt Heubach fest, daß das erste Stadium der morphologischen Entwicklung von Gegenständlichkeit sich in einer „von Subjekt-Objektordnungen gänzlich freie[n] Dynamik" konstituiere, „die, den noch unausgebildeten motorischen Fähigkeiten entsprechend, eine wesentlich affektive ist. Innerhalb dieser 'affektiven Perspektive' (Werner) wird Gegenständliches nur in den komplexen Qualitäten der *Differenz* bzw. des *Komplements* erfahrbar, wie sie schon zur Kennzeichnung der für die orale Phase spezifischen Schematik der Gegenständlichkeit angeführt wurden" (ebd., 79).

Als zentrales Kennzeichen des zweiten Stadiums der morphologischen Entwicklung des Gegenständlichen weist Heubach die „Erfahrung von Materialität" (ebd.) aus, wobei unter dieser Erfahrung keinesfalls ein vom Subjekt unabhängiges Datum zu verstehen sei. „Das Materiale und Materialität als Eigenschaft konstituieren sich hier vielmehr als ein Komplex praktischer, sinnlich-totaler Verwicklungen" (ebd., 80). Aus den diffusen Verhältnissen des Ausgangsstadiums werde durch die primär oralen Vorgänge des Beißens, Saugens und Daumenlutschens Materiales erfahrbar, in denen ein „Außen" von einem „Innen" (noch) nicht klar zu unterscheiden sei. Um diesen besonderen Charakter der Materialerfahrung zu kennzeichnen und keinem rationalisierenden Konzept davon aufzusitzen, bezeichnet Heubach die Form der in dieser Phase aufgefundenen Gegenständlichkeit als „Plastizität" (ebd.). Gleich einer „Plastik" - „d.h. eines Gebildes, in dessen Form die Bedingungen seines Autors und seines Materials tendenziell nicht distinguierbar vereinheitlicht sind" (ebd.) - sei das Gegenständliche organisiert.[40]

Mit Recht weist Heubach auf Dilthey hin, der dem Taktilen an dieser frühen Stelle eine besondere Bedeutung einräumt, denn im Tastvorgang sei uns zugleich Ich und Welt, damit Eigenes und Anderes gegeben, welche sich aber nicht als klar voneinan-

---

[40] „Der Begriff 'Plastik' hebt einerseits die dominante Subjektbezogenheit dieses Konzeptes von Gegenständlichkeit hervor, umgreift aber ebenso dessen erste objektivierende Momente, welche sich an den materialen Widerständen organisieren, denen das Verhalten begegnet" (Heubach, 1996, 80).

der trennbare Daten scheiden lassen. Ähnliche Überlegungen stellt auch Straus (1956) an, für den das Tasten als Kommunikationsform mit der Welt gleichsam eine Mitte zwischen Welt und Ich darstellt, an der beide konstitutiv beteiligt sind und dessen „kommunikative[r] Gehalt" in einer „Näherung" bestünde (ebd., 407).[41]

Mit Blick auf Piaget, der „den unselbständigen, handlungsabhängigen Charakter des Gegenständlichen" (ebd.) in dieser Phase beschreibt, bezeichnet Heubach diesen Aspekt des Gegenständlichen treffender als *Handlungsplastik*. Das Ding als material Dinghaftes bilde mit dem „Affektiven" und „Gestischen" eine Einheit, einen „Gegenstand", was als Charakteristikum für dieses Stadium genommen werden könne. Das Materiale erscheine in einem solchen Gegenstandskonzept (noch) nicht als ein Gegenüberstehendes, in dem Subjekt und Objekt klar voneinander unterschieden wären, sondern allenfalls über das Verhältnis einer geringen Differenziertheit, in der das materiale Ding „lediglich eine partiale und perspektivische Realität" besitzt (ebd., 81). Auf der Grundlage dieser Anschauungen werden von Heubach Überlegungen zu einem psychologischen Verständnis von Konstanz angestellt, die nun nicht mehr so sehr in den perzipierbaren Eigenschaften der Dinge zu sehen sei, wie das Piaget formuliert, sondern den Objekten eher attribuiert werde (vgl. ebd., 81f.).

Für den hier untersuchten Zusammenhang der (entwicklungs)psychologischen Bedingungen der Möglichkeit eines veränderten Ich-Welt-Verhältnisses und der damit einhergehenden Sonderformen des Erlebens durch sportives Bewegen bzw. Beteiligtsein an sportlichen Handlungen ist die Verbegrifflichung eines Zustandes als „Handlungsplastik", der sich durch eine gelöste, nicht klar zu differenzierende Relation von Subjekt und Objekt, von Ich und Gegenständlichem, Eigenem und Anderem

---

[41] „Der einzelne Tasteindruck ist nur eine jeweilige Erfüllung der Kommunikationsweise des Tastens. Mehr als jede andere Sinnes-Sphäre vermittelt der Tastsinn den kommunikativen Gehalt von Näherung. Eine leise Berührung, ein stummer Händedruck kann mich mehr der 'Nähe' eines anderen Menschen versichern als Blick und Wort. Daher die Sehnsucht nach dem Greifbaren, die Wollust der Berührung, aber auch der Schauder vor einer Berührung. Hier ist eine sprachlose, zeichenlose Welt, deren tausendfältige Nuancen selbstverständlich sind und von jedem verstanden werden, ohne daß er sie zu lernen brauchte. Aus ihr entspringt durch einen Prozeß der Objektivierung das reiche Zeremoniell der Gruß-Formen, die alle zugleich Annäherung und Distanzierung in wechselnder Akzentuierung ausdrücken" (Straus, 1956, 407, vgl. auch ebd. 214, 358ff).

auszeichnet, von entscheidender Bedeutung. Denn der Blick auf die Konstruktion dieser seelischen Organisationsform ontogenetischer Entwicklung eröffnet einen Zugang zum Verständnis sog. Verschmelzungserlebnisse, wie sie im Kontext sportlichen Handelns als Sonderformen des Erlebens bezeichnet werden konnten.[42]

Exkurs: Das Bonbonlutschen

Als Beispiel einer solchen Handlungsplastik führt Heubach das Bonbonlutschen an, auf das an dieser Stelle kurz eingegangen werden soll, veranschaulicht es doch die spezifische Figuration einer solchen Handlungsplastik. Grundlage der Ausführungen Heubachs bilden zahlreiche Verhaltens- und Erlebensbeschreibungen zum Bonbonlutschen, die er in einer vereinheitlichenden Form idealtypisch darstellt (vgl. ebd., 163). Der Prozeß des Bonbonlutschens wird - grob gesprochen - in den Vorgang des „Entkernens", also des Herauslösens aus der Verpackung und des Aufnehmens in den Mund, sowie den des folgenden „Einkernens" geteilt:

> Die gespitzten Lippen greifen das Bonbon auf, entlassen es umständlich in den Mundraum, wo es schließlich von der Zunge mit erwartungsvollen Wendungen empfangen wird. Süße entwickelt sich, öffnet sich zu einem kleinen schmeichelnden O und hat bald den Mund in eine süße, klebrig-gierig pulsierende Kugel verwandelt, die, sich ausweitend, mehr und mehr vereinnahmt. Man selbst wird eingerundet und existiert schließlich nurmehr als die feine, immer gespanntere Peripherie dieser Süßkugel; man schließt die Augen und implodiert endlich: Selber Kugelcharakteristik annehmend, bildet man *einen* Gegenstand mit der im Süßen rundgewordenen Welt (ebd.).

Der Auszug aus der Beschreibung zum Bonbonlutschen wird wiedergegeben, weil er anschaulich jenen Rückführungs- bzw. Umbildungsprozeß vor Augen führt, dessen Verständnis das Thema der Untersuchung ist. An der Beschreibung zeigt sich nämlich deutlich, wie sich das Psychische mit der am Gegenständlichen vollzogenen Tätigkeit selbst aufhebt und in einem differenzlosen Zustand verschmilzt. Im Bonbon-

---

[42] Vgl. auch Kap. 2.1 in dieser Arbeit.

lutschen wird also der Prozeß einer zunehmenden *Entdifferenzierung* in Gang gesetzt. Die vor dem Beginn des Lutschens und auch in der anfänglichen Phase des Einkernens klar verspürte Opposition des Gegenständlichen (das Gegenüberstehende) werde mit dem fortschreitenden Tätigsein langsam aufgelöst. Jene sich auf diesem Wege herstellende Handlungsplastik kann mit Heubach als eine *„Verfassung des Jenseits-von-Subjekt-und-Objekt"* (ebd., 165; Hervorh. Verf.) verstanden werden, also einer Zuständlichkeit, wie sie bisher in umgekehrter Entwicklungsfolge besprochen wurde, nämlich in der zunehmenden Differenzierung des anfänglich subjektobjektlosen Kontinuums.

Was hiermit deutlich wird, ist dreierlei: 1) Das Verhältnis von Subjekt und Objekt läßt sich durch Tätigkeiten an Gegenständen verändern, und zwar auf dem Wege einer oppositionsreduzierenden bzw. -aufhebenden Be-handlung des Gegenständlichen. Damit wird 2) anhand einer Materialbearbeitung eine Zuständlichkeit (Verfassung) in Szene gesetzt, die u.a. mit Piaget (Adualismus) und Freud (primäre Identifizierung) als die zeitlich „früheste ontogenetische Verfassung des Psychismus" (ebd., 164) beschrieben werden kann. 3) Mit dem Aufzeigen der Möglichkeit der Installation einer Verfassung, in der das Gegenständliche vom Psychischen nicht geschieden ist, wird zugleich ein Bild vom Psychischen angedeutet, das in sich beweglich (weil vor- und rückschreitend) ist und von daher in der „Logik einer Regression" (ebd., 165) verstanden werden kann. In Anlehnung an Sartre spricht Heubach in diesem Zusammenhang von einer *„Re-Totalisierung des Psychismus"* (ebd.; Hervorh. Verf.), womit das temporäre Total-Werden der seelischen Organisation gemeint ist, die auf der beschriebenen Aufhebung der konventionellen Subjekt-Objekt-Differenz beruht.

Zurück zur Morphologie des Gegenständlichen, die sich im zweiten Stadium nach Heubach nun noch genauer charakterisieren läßt. In der weiteren Auseinandersetzung und Begegnung mit dem Materialen - ähnlich wie bei der Sauberkeitserziehung - lernt das Kind nun zunehmend mehr das Gegenständliche (auch seinen Körper) in seinem *Mittelcharakter* zu erfahren. Anhand der prototypischen Erfahrung mit der Fäzes mache das Kind immer häufiger die Erfahrung einer *instrumentalen* Beziehung zu den Dingen, die, ebenso wie die Fäzes, zu einem Mittel-Ding werden und darin „gleichsam Gegenstand eigener Leistung wie fremder Ansprüche" (ebd., 82) sei.

Die Rolle der nun bereits weit vorangeschrittenen *Motorik*, mit deren Hilfe das Kind in der Lage ist, sich selbst *aktiv* auf die *Suche nach Mitteln* zu begeben, sei für diese Phase von zentraler Bedeutung. Als ein Beispiel dieses Verständnisses von Gegenständlichkeit führt Heubach die Theorie Winnicotts vom Übergangsobjekt an, das ein solches Mittel-Ding repräsentiere. Als ein solches sei es als ein „mittelndes Ding" zu verstehen, „zwischen den Nötigungen der Außenwelt, namentlich den Bedingungen der Objekt-Realität, und den Ansprüchen der Eigenwelt" (ebd., 83). Das darin vermittelte Konzept von Gegenständlichkeit (transitorisch) sei daher nicht als ein voll rationales, vielmehr als ein *nicht-rationales* zu kennzeichnen. Ihm würden aber bereits „Momente von Objektivität" anhaften (ebd.). Im Gegensatz zu Winnicott bezweifelt Heubach dessen Einschätzung der Auflösung dieser Gegenständlichkeitsform durch Einsicht in die objektive Gegebenheit der Dinge. Seiner Meinung nach werde die im Übergangsobjekt verkörperte transitorische Form der Dinge nicht einfach „überwunden", sondern höchstens überformt (vgl. ebd.).

Unter Einbezug der vorab dargestellten psychoanalytischen Sichtweise von Erikson, in dessen Verständnis das Gegenständliche je nach Verlauf der Sauberkeitserziehung einmal als „Produkt" (Autonomie), im anderen Fall als „Opfer" (Scham, Zweifel) interpretiert wurde, führt Heubach eine genauere Bestimmung des Gegenständlichen als Mittel-Ding durch. So erfahre das Kind ja in den Fäzes und der daran gemachten Erfahrung einer Selbstbestimmung ein Mittel (vermittelndes Ding), anhand dessen die Umwelt mitgestaltet werden könne. In der ordnungsgemäßen Handhabung des Sauberkeitsakts erfahre es nämlich Zuspruch, im gegenteiligen Verhalten dementsprechendes Ärgernis von der Umwelt. Die tolerante Sauberkeitserziehung verleihe dem Ding den Charakter des Mittels, eben als *Mittel-Ding*.

Anders stelle sich die Situation im Falle des über- oder untertriebenen Umgangs damit dar. Scham und Zweifel würden sich zwischen das Kind und seine Umwelt schieben, das Gegenständliche (Fäzes) als Entzweiung und Störung der menschlichen

Nähe erfahren, worin das Gegenständliche darin vielmehr als *Zwischen-Ding* zu charakterisieren sei (vgl. ebd., 84).

Diese etwas müßig wirkende Differenzierung scheint in seinen theoretischen Implikationen nur wenig auf die Praxis des Alltags beziehbar. Bringt man diese Überlegungen allerdings in einen Austausch mit denen von Straus zu den Modalitäten des In-der-Welt-Seins, die er als pathisch (empfindend) und gnostisch (erkennend) kennzeichnet, dann läßt sich das Mittel-Ding als das Gegenständliche verstehen, das es in eine der Organisation des eigenen Intentionalen gemäße Ausrichtung bringt. Dies gelingt, indem die Dinge gleichsam empathetisiert werden, d.h. ihres potentiell im Modus des Gnostischen (erkennenden) vorhandenen Charakters des Gegenüberstehenden beraubt und durch einen pathischen Modus ersetzt werden.

Hierzu zwei Beispiele aus dem Bewegungsbereich: Im Joggen etwa wird dies in der Erfahrung deutlich, daß man selten an den Dingen, die einem während des Laufens begegnen, wahrnehmungsmäßig haften bleibt, sondern sie an sich vorbeiziehen läßt. Die Wahrnehmung beginnt durch die Welt zu gleiten. Jede Fixierung, jedes Fest-Stellen würde die Produktion eines Gegenübergestellten (Zwischen-Ding) bedeuten, was wiederum einer lästigen Störung des rhythmischen Laufflusses gleichkäme. Die im Laufen begegnenden Dinge werden gleichsam pathisch umgewandelt in ein Mitgegebensein mit der seelischen Lauf- und Ausrichtung. Das Un-Mittelbare meint an dieser Stelle nicht das Mittel-lose, sondern das im Sinne des eigenen Intentionalen modifiziert-empathetisierte, in eine gemeinsame Richtung und Organisation gebrachte Mittel.

Als ein weiteres Beispiel möge das Tennisspiel dienen, in dem von Spitzenspielern immer wieder berichtet wird, daß die beste Spielverfassung jene sei, in der man lediglich sich und den Ball in einer gemeinsamen Ordnung wahrnehme. Weder der Gegner noch die Zuschauer würden sich in dieser herbeigesehnten Verfassung störend in der Wahrnehmung dazwischendrängen. Auch in diesem Beispiel wird deutlich, daß die Beziehung zum Gegenständlichen (Ball, Tennisschläger, Gegner) durch ein Einbeziehen im pathischen Sinne gestaltet ist. Demgemäß berichten die Spieler auch von einem durch den Tennisschläger verlängerten Schlagarm oder von der Sicherheit, genau zu erspüren, wohin der Ball zu spielen sei.[43]

Das dritte Stadium der Morphologie des Gegenständlichen weist Heubach der Zeit des Übergangs von der phallisch-genitalen in die sog. Latenzzeit zu. In ihr gehe es im wesentlichen um die Weiterentwicklung und Festigung eines Konzepts von Objekt, das dem gleichkommt, wie wir es traditionell verstehen, eben im Sinne des Objekts als ein rational gefaßtes Gegenständliches. In der weiteren Auseinandersetzung mit den Dingen unter den Augen des Sozialen würde nun all jenes am Objekt *verneint*, was eine *eindeutige Bestimmung des Objekts als Objekt erschweren würde*. Das Kind stehe „damit vor der Aufgabe, die soziale Unwirklichkeit der Ordnungen einzusehen, in denen es bislang Gegenständliches realisierte, und sich das allgemeine, 'objektive' Konzept der Gegenständlichkeit der Dinge anzueignen, - das des immer-und-jedemgleichen Dinges" (ebd., 86).

Mit der Anerkennung dieser „radikalen Reduktion" (ebd.) der Gegenständlichkeit der Dinge auf eine bestimmte Eindeutigkeit wird, so stellt Heubach mit Recht heraus, weniger deren Wirklichkeit an sich anerkannt, als vielmehr „ein Konsens über die Wirklichkeit" (ebd., 87). Damit erbringt das Kind eine entscheidende Leistung in bezug auf seinen Eintritt in die *Realität der Erwachsenen*. Aus einem Löffel, der zuvor in allen möglichen Zusammenhängen Verwendung gefunden hatte, wird jetzt ein Ding, mit dem es zu essen - und nur zu essen - gilt. Mit der Aneignung der Dinge wird also in diesem Sinne der herrschende Konsens über die Dinge verinnerlicht.

Den Entwicklungsgang der Gestaltetheit (Morphologie) des Gegenständlichen zusammenfassend, läßt sich also feststellen, daß die Ausbildung des Konzepts von Gegenständlichkeit einer zunehmenden Rationalisierung unterliegt. „Das, was in den vorgängigen Gegenständlichkeitskonzepten noch (psycho-logisch) in den Dingen unmittelbar gegenständlich war als ihr schwieriger oder freundlicher Charakter und

---

[43] Vgl. dazu auch die Arbeit von Prüfer (1998).

als ihr Eigenleben, wird vom jetzt 'objektiv' realisierten Gegenständlichen abgespalten, dem Psychischen als seine Produktion zugeordnet und als Subjektivum verinnerlicht" (ebd.).

4.3 Zusammenfassung

Für den vorliegenden Untersuchungszusammenhang bringt eine „Theorie der psycho-logischen Gegenständlichkeit der Dinge" die Erkenntnis, daß das Gegenständliche mehrere Wandlungen durchläuft, in deren Formen es primär von nicht-rationalen Verhältnissen bestimmt wird und erst zuletzt eine Wendung in Richtung eines von rationalen Zuschreibungen dominierten Verständnisses nimmt.

Diese vorgängigen Formen scheinen auch zu späteren Entwicklungszeitpunkten niemals ganz aufgehoben, sondern lediglich durch die Vereindeutigung der Konsensattribuierungen überformt. Den Gegenständen kann somit eine „doppelte Realität" (ebd., 88) zugesprochen werden, eine psycho-logische und eine rational organisierte. Die im letzteren Falle vorhandene eindeutige Subjekt-Objekt-Opposition kann durch eine veränderte Handhabung der Dinge (Mittel-Dinge) gelockert und zu einer Einheit gelöst werden.

Der Motorik kommt in diesem Entwicklungsgang zu einem für die Erwachsenenwelt charakteristischen Verständnis von Objekten eine besondere Stellung zu. Zuerst in der rhythmisierenden Wiederholung im Stillverhalten, dann in der durch sie gegebenen Möglichkeit, sich selbst aktiv auf die Suche nach Mitteln der Auseinandersetzung mit dem Dinghaften zu begeben. Sie wird zum Mittel der Auseinander-Setzung mit der Welt, womit ein anthropologisch-phänomenologisches Verständnis von Bewegung angesprochen ist, wie es sich beispielsweise in den Arbeiten von Merleau-Ponty (1966), von Weizsäcker (1968), im sportwissenschaftlichen Bereich von Grupe (1975), in Anlehnung an Gordijn und Buytendijk von Tamboer (1979) und neuerdings von Thiele (1990) skizziert findet. Der Mittel-Charakter der Bewegung zeichnet verantwortlich für die Ausbildung von Vermitteltem, der Ausbildung eines Objekt-Konzepts.

Wie die Anfangsbeispiele der Verschmelzung, des Fließens, der harmonischen Zuständlichkeit usf. zeigen, wird über die (sportartspezifische) Bewegung aber ebenso genau das Gegenteil möglich, nämlich die Auflösung jener durch sie selbst hergestellten Oppositionsrelation (Auseinandergesetztheit). Auf die identitätsauflösende Wirkung der Bewegung macht vor allem Spitz (1923) in einer Analyse des Rhythmus aufmerksam.

Somit wäre an der Bewegung als Mittel deren Doppel-Funktion herauszustellen und zwar in der Weise, daß sie einerseits den Entwicklungsgang zur Ausbildung eines Gegenständlichkeitskonzepts konstitutiv bedingt, andererseits ebenso bedingend an der Demontage jenes ins Verhältnis gesetzten Aufbaues beteiligt ist und somit direkt ins Unmittelbare einer frühen Form der Welterfahrung führt. Betrachtet man jene frühen Formen der Welterfahrung an Beispielen - wie etwa am Kinderspiel und dem Grad des Involviertseins ins Spiel -, so läßt sich darin etwas Einheitliches erkennen, etwas, was einen überdauernden Zusammenhalt liefert, obwohl die Subjekt-Objekt-Relation darin aufgelöst, zumindest gelockert, erscheint. Bewegung löst das Opponierende auf, stellt aber gleichzeitig einen stabilen Rahmen mit ihrem Tätigsein zur Verfügung. Dieser Rahmen kann nun wiederum als eine Verfassung verstanden werden, in der sich das Kind im Spiel befindet und welche das Kind aktuell bestimmt. Es befindet sich in einer - selbst induzierten und über das Sich-Bewegen evozierten - Verfassung des Unmittelbaren.

5. Untersuchungen zur Struktur des Unmittelbaren

Nachdem in einer Exploration den entwicklungspsychologischen Zusammenhängen und ontogenetischen Spuren als Bedingung der Möglichkeit veränderten Erlebens der Subjekt-Objekt-Relation nachgegangen wurde und sich darin die Bedeutung des Gegenständlichen und der Motorik aufzeigen ließ, wendet sich die Untersuchung nun der Frage nach den strukturellen Zusammenhängen des Unmittelbaren zu, die dieser Organisationsform, wie sie als Verfassung näher gekennzeichnet wurde, unterstellt werden kann. Mit der Fokussierung auf diese Themenstellung rückt zugleich der *Herstellungsprozeß* jener Verfassung in den Blick, die in den anfangs dargestellten Sonderformen des Erlebens als Erfahrung einer gesteigerten Wirklichkeit, wie sie im Sport vermittelt wird, ihren erlebensrelevanten Ausdruck erhält.

Indem hier der Begriff „Herstellung" gebraucht wird, soll nochmals an die Grundüberzeugung ganzheits-, tiefen- wie handlungspsychologischer Konzeptionen angeknüpft werden, nach der Psychisches als Produktionsvorgang verstanden wird. Sie alle unterstellen den jeweils als Einheiten herausgestellten Gegenständen (Gestalt, Handlung, Handlungskreis) einen Bildungsprozeß, wofür ein aktives Psychisches verantwortlich gemacht wird. Dies zeigt etwa Sander (vgl. 1962) in seinen Untersuchungen zur Aktualgenese, wie auch Freud (1989a) bereits in seiner Traumdeutung (Orig. 1900), wenn er etwa von der Traumbildung und von (unbewußten) Mechanismen der Traumarbeit spricht. Es findet sich aber auch in den Handlungstheorien, wenn vom Psychischen als „Produktionsbetrieb" ausgegangen wird, oder im zentralen Begriff der „Regulation", womit in bezug auf das Handeln „die *Herstellung* eines geordneten Ablaufs" (Nitsch, 1986, 220; Hervorh. Verf.) gemeint ist. Gerade der Begriff der Regulation verweist auf die in tiefenpsychologischen Theorien von Beginn an vertretene Meinung - dort unter dem Arbeitsbegriff des Unbewußten -, daß unsere täglichen Vollzüge primär über meist nicht-bewußte Prozesse reguliert und organisiert werden.

Die folgenden Ausführungen gehen von der These aus, daß sich *in der Teilnahme am Sport eine Verfassung etablieren kann, deren Referenz im Unmittelbaren liegt.* Mit anderen Worten: In der Konfrontation mit der Welt des Sports - im aktiven Sporttreiben, wie auch in der Teilnahme an Sportereignissen als Zuseher - wird die Möglichkeit zur Etablierung einer seelischen Verfassung zur Verfügung gestellt, in der die Psycho-Logik des Unmittelbaren mit seinem sinnlich-leiblichen Design dominiert und durch dieses ausgestaltet wird. Damit wird die Bewußtseinslage in einer für das Gesamt des Seelenlebens äußerst attraktiven Weise erlebenswirksam moduliert. Es nähert sich darin jenen Organisationsformen an, wie sie für die früheren Stadien der ontogenetischen Entwicklung gekennzeichnet werden konnten.

Mit diesen Setzungen soll nun kein Regressionskonzept verfolgt werden, wie es etwa für die Theorie Balints (1960) vom „thrill" kennzeichnend ist. Hier werden u.a. theoretische Überlegungen zugrundegelegt, wie sie im Kontext einer in der Tradition Freuds und der Gestaltpsychologie stehenden tiefenpsychologisch-konstruktionsanalytischen Gegenstandsbildung von Salber entwickelt wurden (vgl. Salber, 1973; 1974; 1981; 1986a). In bezug auf die Theorie der Regression wird darin etwa vermerkt, daß sog. primitive seelische Zustände, also die Etablierung einfacher, umfassender seelischer Organisationsformen, wie sie etwa in der ungebrochenen kindlichen Omnipotenz zu erkennen wäre (vgl. Freud, 1989d; Winnicott, 1985), immer als eine Art Herstellung betrachtet werden müssen. Auch in diesen Formen muß die seelische Produktion „aktiv" die Gesamtorganisation des Seelischen in Richtung einer funktionierenden Gesamtverfassung modulieren.

Im folgenden wird es darum gehen, anhand einzelner Untersuchungen dieses Kunststück seelischer Arbeit nachzuzeichnen, wie sie sich scheinbar mühelos im Umfeld des Sports (im aktiven Sporttreiben, im Zusehen) - in der Regel vom Individuum unreflektiert und automatisch - vollzieht. Damit wird die Absicht verfolgt, strukturelle Züge dieser Verfassung des Unmittelbaren zu verdeutlichen.

Um Aussagen zur allgemeinen Konstruktion der Verfassung des Unmittelbaren treffen zu können, müssen konkrete Phänomene untersucht werden, in denen aufgrund ihrer besonderen Erlebenswirkung für das Individuum eine Verfaßtheit des Unmittelbaren anzunehmen ist. Unter dem Blickwinkel des wirkungs- und strukturpsychologischen Forschungsinteresses wurden Phänomene in dreierlei Richtung ausgewählt. Zum einen sollten die aktuellen Prozesse und der Ablauf eines konkreten Bewegungsvollzugs untersucht werden. Dabei wird angenommen, daß sich in der Rekonstruktion des Ablaufs und seiner Regelungsprinzipien einer Handlungseinheit der Entstehungsvorgang dieser Verfassung des Unmittelbaren nachvollziehen lassen müsse.

Da die bislang erhobenen Erkenntnisse zum Unmittelbaren darauf hinwiesen, daß die Verfassung des Unmittelbaren sich auch in *zeitlich überdauernderen Einheiten* als jene konstituierend einstellen würde, mußte des weiteren ein Untersuchungsfeld gefunden werden, das mehr als nur ein temporär kurzes Handlungserlebnis zum Inhalt hat. Untersuchungsgegenstand sollte also eine übergreifende Einheit sein, die als eine größere Wirkungseinheit erkennbar ist und für manche Menschen ein solch hohes Maß an (seelischer) Attraktivität besitzt, daß sie sich über einen längeren Zeitraum hauptsächlich in dieser Einheit bewegen.

Das dritte Untersuchungsfeld sollte den Aspekt der Ausgangsfragestellung berücksichtigen, wo es um die Frage nach einem allgemeinpsychologischen Zusammenhang der besonderen Wirkung des Sports in bezug auf das Zusehen ging. Da Sport nicht nur aktiv betrieben, sondern öfter noch „passiv" als Zuseher konsumiert wird, sollte auch diese Form der Auseinandersetzung und Begegnung mit der Welt des Sports in die Untersuchung mit einbezogen werden.[44]

In den Themen Schifahren/Tiefschneefahrt, Leistungssport und Formel-1-Rennen sollen diese drei Perspektiven berücksichtigt und repräsentiert sein. Genaueres ist

---

[44] Wie bereits erwähnt, käme es einer groben Reduktion des Geschehens gleich, wollte man das Zusehen als eine „passive" Form zu bestimmen suchen. Vielmehr stellt sich das Zusehen als Form einer hohen inneren Beteiligung dar. Wenn man schon die Kategorien aktiv-passiv verwenden will, dann ist auch das Zusehen als Form des Beteiligtseins als aktives Geschehen zu verstehen. (vgl. dazu auch Gabler, 1998; Strauß & Jürgensen, 1998).

den Hinweisen zur „Begründung der Auswahl des Themas", die den einzelnen Untersuchungen vorgeschaltet sind, zu entnehmen. Um die Übersichtlichkeit zu wahren, wurde bzgl. der Darstellung der Untersuchungsergebnisse eine Schwerpunktsetzung vorgenommen. Am ausführlichsten wird die Untersuchung zum Schifahren/Tiefschneefahrt dargestellt. Aus ihrer Analyse und dem darauf folgenden Austausch mit den strukturpsychologischen Überlegungen Csikszentmihalyi´s zum *flow*-Erleben, das als eine (Aus)Form(ung) der hier untersuchten Thematik verstanden werden kann, sollen die wesentlichen Züge der Verfassung des Unmittelbaren herausgearbeitet werden. Dies bildet quasi den Kern des empirischen Teils. Diese ergänzend und die Aussagen gegebenenfalls erweiternd werden die Untersuchungen zum Leistungssport und zum Erleben eines Formel-1-Rennens als Zuschauer angeführt. Die Art ihrer *Gegenstandsbildung als Wirkungseinheit* (Bild-Einheit) will sich als ein Beispiel für eine zusätzliche (neue) Form möglicher Gegenstandsbildungen in der sportwissenschaftlichen Forschung verstehen.

5.1 Theorie und Methode der Untersuchungen

Bevor nun auf die einzelnen Untersuchungen im Detail eingegangen wird, soll deren gemeinsamer theoretischer und methodischer Rahmen etwas genauer dargestellt werden. Wenn vom Schifahren/Tiefschneefahren, dem Leistungssport oder dem Zuschauererleben bei einem Formel-1-Rennen als Untersuchungseinheit die Rede ist und nicht von jeweils isolierten Kognitionen, Emotionen oder Volitionen, so wird bereits darin das implizit verhandelte theoretische Bezugssystem deutlich. Die Bildung eines Untersuchungsgegenstandes ist bekanntlich niemals frei von Vorannahmen zu vollziehen. Sie ist vielmehr Ausdruck bestimmter Denkungsarten und Setzungen.

Im vorliegenden Falle findet sie ihre Orientierung in den konzeptionellen Überlegungen zur Theorie der *Handlungseinheiten* (vgl. Salber, 1986a) bzw. *Wirkungseinheiten* (vgl. Salber, 1981) der Morphologischen Psychologie. Den Hintergrund für diese beiden Untersuchungseinheiten bildet die Überlegung, Hypothesen nicht nur auf „innere Einheiten" eines Subjektes zu begrenzen, sondern das *Wirkungsganze* zum Untersuchungsgegenstand zu machen, das sich *zwischen* den (heuristischen) Markierungen des sog. „Subjekts" und „Objekts" in den jeweiligen Handlungen ausbildet. Es wird also nach Kategorien gefragt, in denen der (übersummative) Zwischen-Charakter der Einheitsbildung zum Ausdruck kommen kann. Dabei bildet der Grundsatz „Gestalten als erstes und letztes" (Salber, 1986a, 27) anzusehen, das Fundament, auf dem die Konzeptionen der Handlungs- und Wirkungseinheit aufsetzen. Die Gegenstandsbildung von Handlungs- und Wirkungseinheit können als grundlegende, prinzipielle Einheitsformen verstanden werden, die spezielleren Gegenstandsbildungen wie etwa dem Wahrnehmen, dem Denken, dem Lernen, der Gruppe usw. zugrunde liegen.

Die Konzepte der Handlungs- und Wirkungseinheiten versuchen, jene gestalthafte Ganzheit in den Blick zu nehmen, die sich *zwischen* der Person und der Umwelt entwickelt. Im Falle der Handlungseinheit als *Ablaufsgestalt*, die sich in einem aktuellen Ablauf prozessual nach bestimmten Regeln organisiert, im Falle der Wirkungseinheiten wiederum mehr als eine struktur- und wirkungspsychologische Gegenstandsbildung, die die *übergreifenderen Funktionszusammenhänge* und deren *Bildungsprinzipien* zum Ziel der Analyse macht und wie sie bislang in Explorationen zu Unterricht, Kunst, Werbung, Literatur und Film behandelt wurden. Salber (1981) betont, daß jedes psychische Phänomen in einer der beiden Gegenstandsbildungen untersucht werden könne. Beide gemeinsam ließen sich aber nicht in einem einheitlichen System zusammenfassen oder direkt ineinander überführen (vgl. ebd., 151).

Sowohl für das Schifahren als auch für den Leistungssport und das Zuschauen bei einem Formel-1-Rennen gilt, daß eine derartig formulierte Gegenstandsbildung auf experimentelle Art und Weise äußerst schwierig zu vollziehen wäre. Die Phänomene „leben" von ihrer Eingebundenheit in den „natürlichen" Kontext und die darin herrschenden Bedingungen. Könnte man mit hohem finanziellen Aufwand vielleicht noch eine Tiefschneefahrt im Labor simulieren, so fände diese selbst dann unter der Künstlichkeit von Laborbedingungen statt. Gerade die Untersuchung zum Schifahren wird aber zeigen, wie wichtig für das konkrete Erleben der Tiefschneefahrt das Eingebettetsein derselben in den Gesamtkontext der psychologischen Thematik „Winterurlaub" ist und sich als „Figur" aus dessen „Grund" bestimmt. Ähnliches gilt für die Formel-1 und den Leistungssport, die beide, sollen sie Ergebnisse zum Unmittelbaren erbringen, so nah wie möglich an die Erlebensweisen im originären Erfahren heranreichen sollten.

Methodisch gesehen befindet man sich mit dem Versuch, das Unmittelbare - seinem „Wesen" entsprechend - so unmittelbar wie nur möglich zu erheben, vor einer schwierigen Aufgabe. Im Forschungsverlauf will man natürlich so nahe wie irgend möglich an den „tatsächlichen" Erfahrungsgehalt des Erlebten herankommen. Dies stellt sich aber nicht so einfach dar, wie es scheint. Davon zeugen auch die enttäuschenden Befunde und Berichte über das Mißlingen solcher Versuche. So berichtet Schönhammer (1991) etwa von den „unüberwindlichen Grenzen", die der simpel anmutende Versuch mit sich bringt, zu erforschen, „was in einem Fußgänger momentan genau abläuft. ... Diese Schwierigkeit, unmittelbares Erleben introspektiv zu erfassen, ist selbstverständlich eine ganz grundsätzliche, die die Denktätigkeit am Schreibtisch nicht minder betrifft als das, was in dieser oder jener Fortbewegungssituation in einem vorgeht" (ebd. 266). Und in bezug auf den Versuch, während eines Geschehens den Vorgang direkt (reflexiv) zu protokollieren, spricht Schönhammer in Anlehnung an William James von einem „Gefühl der Denaturierung". „Das, was man zu Protokoll gibt, sind meist künstlich erzeugte Rastplätze, zu denen man ein vages Beeindruckt- und Beschäftigtsein *umformt*" (ebd., 266f).

Von den Versuchspersonen werde diese Aufgabe, das Unmittelbare eines Geschehens zu beschreiben, als eine „Zumutung" empfunden, die durch die Einnahme einer reflexiven Haltung zum Ganzen (und damit zum Unmittelbaren) entstehe. Das Herausfallen aus dem Erlebensganzen des Unmittelbaren werde als *unangenehmer Bruch* erlebt.

Vor dem Hintergrund dieser Ausführung leitet Schönhammer die methodisch äußerst wichtige Feststellung der Frage nach dem Zeitpunkt von Explorationen unmittelbaren Geschehens ab, indem er sich eindeutig auf eine Erhebungszeit festlegt, die *nachträglich*, also nach dem Erleben des Geschehnisses ansetzt. „Eine nachträgliche Beschreibung, die Eindrücke, Gedanken und Stimmungen zu einer zusammenhängenden Erzählung formt, bildet das Erleben zwar nicht 1:1 ab, kommt der seelischen Wirklichkeit aber immer noch näher, als die Verzeichnisse von 'Wahrnehmungen', die man erstellt, wenn man immer wieder sagen soll, was man 'jetzt' gerade sieht." (ebd., 267). Es geht also darum, im nachträglichen Beschreiben wiederum die Möglichkeit zu eröffnen, in die zuvor erlebte Verfassung des Unmittelbaren so nah wie möglich eintauchen zu können, allerdings diesmal, ohne der Situation durch eine unmittelbare Involviertheit ausgeliefert zu sein.

Die nachträgliche Betrachtung liefert die Möglichkeit, ausgestattet mit einem guten Rapport zur Wirklichkeit, trotz veränderter Position und Zeitlichkeit einen retrospektiv-involvierenden Zugang zum zuvor Erlebten finden zu können. Dieser methodische Weg ist beileibe nicht neu. Auf diesem Grundverständnis baut das Setting zahlreicher psychotherapeutischer Schulen auf. In der Psychoanalyse etwa wird durch ein Stilllegen der Motorik auf der Couch versucht, das Erinnern bzw. Involviertwerden in die Unmittelbarkeit erlebter Situationen (quasi experimentell) zu fördern (vgl. Freud,

1989e; 1989h). Auch die verschiedenen Formen der Integrativen Therapie versuchen, über das Gespräch wie auch über den Einsatz diverser Medien so nah wie möglich an die Unmittelbarkeit des Erlebens heranzukommen (vgl. Petzold, 1993a; 1993b).

Die vorgeschalteten Überlegungen berücksichtigend und um den verschiedenen Verläufen, Bildungs- und Umbildungsprozessen der untersuchten Thematiken folgen zu können, wurden das *konzeptgeleitete Tiefeninterview* wie auch *Erlebensbeschreibungen* (in schriftlicher Form vorgelegte Selbstbeschreibungen des Erlebens) zum Einsatz gebracht. Letztere ermöglichen in der Regel den Entwurf eines ersten Umrisses des Themas, der durch den systematischen Einsatz von methodisch geführten Tiefeninterviews erweitert und verdeutlicht werden kann.

Mit dem Verfahren des Interviews gelingt eine schrittweise *Annäherung* an die wesentlichen Strukturzüge des untersuchten Gegenstandes, indem die einzelnen Erzählungen und Aussagen der Versuchspersonen immer wieder einem *methodischen Zweifel* - schon während des Interviews - unterzogen werden können. Methodischer Zweifel meint in diesem Zusammenhang, daß das Berichtete einerseits als direkte Aussage genommen wird, es aber gleichzeitig immer auch als ein Versuch einer Behandlungsform der im Interview in Frage gestellten Thematik verstanden und dementsprechend weiter hinterfragt wird. Damit gelingt es meist recht gut, Selbstverständliches als Sich-Selbstverstehendes, wie z.B. „Schifahren macht einfach Spaß", in Frage zu stellen und den Probanden zu weiterer Beschreibung (Zerdehnung) anzuhalten. In diesem dialogischen Prozeß, der, etwas überspitzt formuliert, streckenweise an die Logik des sokratischen elenktischen Verfahrens erinnert, wird zumindest der systematisch geführte Versuch unternommen, jene Hürde des Sich-aus-sich-selbst-Verstehens von Themen mit eindeutig präverbalen und präreflexiven Wesenszügen zu überwinden. Wenn es überhaupt gelingen kann, an die Phänomenlage des Unmittelbaren heranzukommen, dann durch die Geschmeidigkeit und Flexibilität eines tastenden Verfahrens, wie es das Tiefeninterview darstellt.

Werden in einem Interview sprachliche „Verdichtungspunkte" nicht weiter vertieft und gedehnt, muß man sich in seinen Erklärungen mit solchen selbst begnügen. Dann ist etwa vom „Spaßfaktor" oder von „Grenzerfahrungen" die Rede, ohne psychologisch ableiten zu können, worin der Spaß an einer Bewegung denn liege bzw. wie man sich psychologisch eine solche Erfahrung von Grenzen vorzustellen habe. Das Benennen alleine zeichnet meist noch keinen „Bauplan" eines Phänomens nach.

Die Durchführung von Tiefeninterviews verlangt aus den genannten Überlegungen eine fundierte Schulung in psychologischer Interviewtechnik, die es gestattet, den präverbalen Charakter der Untersuchungsgegenstände zu berücksichtigen und dennoch zu nachvollziehbaren, dann natürlich verbalen Aussagen zu kommen. An die nämlichen Schwierigkeiten stieß auch Balint (1960) in seinen Untersuchungen und Analysen zum *thrill*, wo er ebenso die Vorsprachlichkeit als wesentliches Kriterium dieser Zustände bezeichnet und von daher bereits an den Analytiker die Forderung stellt, nicht nur „wissenschaftlicher Beobachter sein zu wollen, ... sondern auch Dolmetscher und Kundschafter, und schließlich interpretierender Übersetzer werden [zu] müssen" (ebd., 59).

Die Auswertung der vorliegenden Untersuchung orientierte sich am methodischen Prinzip eines „Austausch in Entwicklung" (Salber, 1983, 160), was ein schrittweises Herausentwickeln (Rekonstruieren) des Gegenstands durch ein beständiges In-Beziehung-Setzen der beobachtbaren Phänomene mit den Bestimmungen eines zugrundeliegenden Konzepts vom Funktionieren seelischer Prozesse (vgl. Handlungs- und Wirkungseinheiten) bedeutet.

Die folgenden Untersuchungen orientierten sich am ‚klassischen' Ablauf morphologischer Untersuchungen. Dieser Ablauf hat sich in über 30 Jahren wissenschaftlicher Forschung als gewinnbringendes Vorgehen bewährt und soll nun in seiner idealtypischen Form kurz vorgestellt werden. Es sei bereits an dieser Stelle darauf hingewiesen, daß die Darstellung der Befunde der späteren drei Forschungsarbeiten lediglich auf deren Wesenskern abzielt und auf die Vielzahl der zusätzlich möglichen Ausführungen verzichtet. Das Ziel der empirischen Arbeiten wird nicht in einem klassischen Beweisgang der hier entwickelten Gedanken zum Unmittelbaren gesehen, sondern eher in dem Aufzeig erweiterter Forschungsfragestellungen und Näherungsweisen der Sportwissenschaft und insbesondere der Sportpsychologie, wie sie im Bereich der hier präferierten Theorienbildung möglich sind. Zudem würde die detaillierte Darstellung aller Facetten von drei morphologischen Untersuchungen den Rahmen dieser Arbeit bei weitem sprengen, da für gewöhnlich lediglich einer zentralen Fragestellung im Rahmen einer psychologischen Untersuchung gefolgt wird. Wenn also später die Ergebnisse der drei Untersuchungen jeweils in Form einer sehr komprimierten Erlebens- und Verhaltensbeschreibung wiedergegeben werden, dann lediglich aus Gründen der Praktikabilität und Überschaubarkeit.

An dieser Stelle soll ein kurzer allgemeiner Überblick zum methodischen Herangehen in den einzelnen Untersuchungen geliefert werden, um deutlicher zu machen, wie sich das methodische Prinzip „Austausch in Entwicklung" (Salber, 1983, 160) in Form einer Untersuchung ausgestaltet. Der Überblick gibt den Verlauf vom Beginn bis zur Verhaltens- und Erlebensbeschreibung wieder, also der Form, in der die Befunde der folgenden empirischen Untersuchungen dargestellt werden.

Idealtypisch startet jede morphologische Untersuchung mit einer Erlebensbeschreibung des Forschers zum Untersuchungsthema selbst. Die Beschreibung gilt als elementares ‚Handwerkszeug' in der morphologischen Psychologie. Das Ziel der Selbstbeschreibung ist das Kenntlichmachen der subjektiven Verstehens- und Einstellungskonfiguration (Vor-Urteile) zum Untersuchungsthema, was wiederum als eine Schutzmaßnahme gegenüber Übertragungen und Projektionen ins Thema von Forscherseite aus zu verstehen ist. Letztlich wird mit dem Kenntlichmachen der eigenen Perspektiven auch ein Beitrag für den nächsten Schritt geliefert, nämlich die durch Offenheit gegenüber dem Untersuchungsthema gekennzeichnete Durchführung der konzeptgeleiteten Tiefeninterviews.

Der große Vorzug dieser Verfahrenstechnik liegt darin, den diversen und oft genug überraschenden Drehungen und Wendungen des Untersuchungsgegenstandes angemessen folgen zu können. Die Haltung des Forschers ist dabei geprägt durch ein „Mitbewegen" (Salber 1983, 9), womit kein empathisches Mitschwingen mit den Äußerungen oder gar der Person des Befragten gemeint ist, sondern vielmehr der Versuch, die wichtigsten Drehstellen und strukturellen Züge der untersuchten Einheit im Austausch mit dem Befragten beschreibend zu rekonstruieren. Das konzeptgeleitete Interview ist als qualitatives Verfahren nicht standardisiert und zeichnet sich daher durch eine ‚offene' Interviewtechnik aus. Im konkreten Verlauf eines Interviews versucht der Interviewer – bei weitestgehender Zurückhaltung – den geschichtenhaften Erzählungen des Befragten zum Untersuchungsthema zu folgen. Indem der Interviewer den Befragten immer wieder zu genaueren Beschreibungen führt, auf vereinfachte Darstellungen aufmerksam macht, Unstimmigkeiten in Formulierungen offenlegt etc., kann systematisch das Untersuchungsthema ‚getieft', d.h. zugleich zu einer detaillierteren und erweiterten Beschreibung gebracht werden. Dabei läßt sich der Interviewer vom allgemeinpsychologischen Konzept der Untersuchung – deshalb konzeptgeleitetes Tiefeninterview – leiten.[45] Insofern versteht es sich von selbst, daß auf vorformulierte Fragen in Form etwa eines Leitfadens in der Regel verzichtet wird, führt dies gerade jenes Ansinnen der systematisch geführten Erweiterung der mit der Selbstbeobachtung immer verbundenen Begrenzungen ad absurdum. Wie im Falle der folgenden Untersuchungen auch, werden die Tiefeninterviews auf Tonband aufgezeichnet. Anschließend wird ein Transskript der Aufzeichnungen erstellt, das wiederum als Basis für den nächsten Schritt, die Beschreibung jedes einzelnen Interviews dient.

„Beschreibung ist Erfahrung und Problem, Gegebenheit und Forderung, Grundlage des Verstehens und Ziel zugleich; sie hat ebenso mit den Sachen zu tun wie mit Gespür, Tätigkeit, Reflexion, Kontrolle, Regulation durch Prinzipien" (Salber, 1969, 4). Die psychologische Beschreibung gilt als Sonderform des Beschreibens, wie wir es aus dem Alltag kennen. Dabei gilt für beide Formen die Tatsache der ‚Zurechtmachung von Wirklichkeit'. Aus methodischer Sicht kennzeichnet Salber die Verhaltens- und Erlebensbeschreibung in sechs Strukturzügen, an denen entlang sich die wissenschaftlich-methodische Durchführung von Beschreibungen ausrichtet: Beweglichkeit,

---

[45] Vgl. zum konzeptgeleiteten Tiefeninterview auch Freichels (1995), Ziems (1996), Fitzek (1999).

Ganzheit-Glied-Beziehung, Bedeutungserfassung, Vereinheitlichung, Formenentwicklung, Wesenserfassung (vgl. ebd., 24-33).[46]

Der nächste Schritt besteht in der Zusammenführung der einzelnen Beschreibungen - wieder anhand der allgemeinen Strukturzüge von Verhaltens- und Erlebensbeschreibungen - in Form einer sog. *vereinheitlichenden Beschreibung*. In ihr werden alle relevanten Dimensionen des Untersuchungsthemas aus allen Tiefeninterviews aufeinander bezogen und in sprachlich komprimierter Form in einer Beschreibung wiedergegeben. Was damit gelingt, ist eine Verdichtung des in der Regel überreichen Datenmaterials qualitativen Vorgehens. Die vereinheitlichende Beschreibung kann somit als methodische Antwort auf das für qualitatives Forschen zentrale Problem der Datenfülle angesehen werden. Ein zweistündiges Tiefeninterview umfaßt bekanntlich verschriftlicht in der Regel ein Protokoll von über 30 Seiten.

So weit der Überblick über den Verlauf einer morphologischen Untersuchung bis zur Verdichtung des Datenmaterials in Form einer vereinheitlichenden Verhaltens- und Erlebensbeschreibung. Wie bereits erwähnt, werden die Befunde der nun folgenden Untersuchungen aus Gründen der Überschaubarkeit und des Ansinnens, aufmerksam auf neue Frageperspektiven zu machen, in dieser verdichteten Form dargestellt. Dieser Darstellungsmodus reicht aus, um sich nun der zweiten zentralen Frage dieser Arbeit zu widmen, nämlich der nach der Herstellung (Produktion) und Struktur der Verfassung des Unmittelbaren. Wie bereits angesprochen, bildet das Schifahren resp. die Tiefschneefahrt den Schwerpunkt der Ausführungen und wird durch die Erkenntnisse der beiden weiteren Studien ergänzt.

---

[46] Vgl. zur Beschreibung als Verfahren Salber (1969), Fitzek (1999).

5.2 Schifahren - das Unmittelbare in einer Handlungseinheit

5.2.1 Begründung der Auswahl des Themas

Zwei Erfahrungszusammenhänge waren ausschlaggebend dafür, das Schifahren zum Thema einer psychologischen Untersuchung zu machen. Sowohl in eigenen Erlebnissen zum Schifahren, wie auch aus zahlreichen Erfahrungen als Schilehrer drängte sich der Eindruck auf, daß in dieser Bewegungsform die anfangs beschriebenen Sonderformen des Erlebens sich besonders deutlich einstellen. Jenen, die bereits seit einigen Jahren regelmäßig auf den Brettern stehen und sich in einer Selbsteinschätzung als recht gute Schifahrer bezeichnen, kann man es förmlich ansehen, wie sehr sie sich in dieser Bewegungsform wohlfühlen. Beobachtet man als Schilehrer das Verhalten in einer Kindergruppe, die gerade das Schifahren erlernt, kann man von Tag zu Tag die steigende Freude und Lust am Schifahren beobachten. Ganz in die Tätigkeit versponnen, aber begeistert und überglücklich, manövrieren sie sich in für Erwachsene oft atemberaubender und waghalsiger Manier den Berg hinunter.

Als zweite Überlegung diente der Blick auf die Wirkung. Es sollte ein Phänomen aus dem Bereich des Sports ausgewählt werden, das seit Jahren eine steigende bzw. ungebrochene Attraktivität besitzt. Wenn man sich die alljährlich im Winter stattfindende Völkerwanderung von abermillionen Menschen in die Bergwelt der Alpen vor Augen führt, deren primäres Ziel darin zu bestehen scheint, sich auf zwei „Brettern" (oder einem großen Brett) festzuschnallen, um sich damit an verschneiten Berghängen herunter zu bewegen, kann dieser so einfach anmutenden Bewegungsform nur schwerlich eine besondere Wirkung auf das menschliche Seelenleben abgesprochen werden. Mit dem Schifahren liegt also eine sportbezogene Tätigkeit vor, die als hochgradig wirksam bezeichnet werden muß. Hier „schafft" es also eine *Bewegungsform*, Millionen von Menschen weltweit anzuziehen, sie in gewisser Weise zu einer in der Tätigkeit verbundenen (psychologischen) Einheit zusammenzuführen.

Der folgenden Verhaltens- und Erlebensbeschreibung liegen zwölf Tiefeninterviews zugrunde, die zum Thema Schifahren und in vertiefender Exploration zum Erleben einer Tiefschneefahrt durchgeführt wurden. Ergänzt wurden die Explorationen durch zwölf Erlebensbeschreibungen durch weitere zwölf Probanden. In die Untersuchung wurden nur solche Personen einbezogen, die sich in ihrer Selbsteinschätzung als fortgeschrittene Schifahrer betrachteten. Um das Erleben während der flüssigen Fahrt explorieren zu können, wurde auf den Anfängerstatus in der Auswahl der Versuchspersonen bewußt verzichtet. Als Kriterium diente in der Vorauswahl der Hinweis, mindestens mittelschwere Pisten (üblicherweise als rote Pisten gekennzeichnet) bewältigen zu können. Genauere Hinweise zu den Versuchspersonen finden sich im Anhang.

5.2.2 Verhaltens- und Erlebensbeschreibung

Die Probanden berichten einheitlich davon, daß sich über das Schifahren nicht 'an sich' berichten lasse. Es stehe zu sehr in einem direkten Zusammenhang zum Winterurlaub. Zumindest stellen sich sofort Bilder und Erinnerungen aus diversen Winterurlauben ein. Der kann wiederum nur ein bis zwei Tage, in der Regel aber länger, meist eine Woche dauern. Es wird berichtet, daß das Schifahren von einer generellen Stimmungstönung getragen werde, die eben für „das Urlauben"[47] charakteristisch sei. In dieser Stimmung fühle man sich frei von Verpflichtungen und von den Sorgen des Alltags. Bereits in den Vorbereitungen zum Winterurlaub, dem Herausholen der Schiausrüstung, dem Kauf von Sonnencreme und Urlaubsliteratur, stellt sich eine spannungsgeladene Vorfreude ein, die im Tag des Aufbruchs von zu Hause ihren Höhepunkt findet. Dann ist man auf dem Weg in den Winterurlaub, bepackt mit „Kind und Kegel" und läßt mit jedem gefahrenen Kilometer den „stressigen Alltag" weiter hinter sich liegen.

Im verschneiten, winterlich wirkenden Urlaubsort angekommen, etabliert sich innerhalb der ersten Tage so etwas wie ein einfacher, angenehmer Alltagsrhythmus, der sich in seiner einfachsten Form aus Aufstehen, Schifahren und einem müden Zu-Bett-Gehen zusammensetzt. Gut und ausreichend Essen, vor allem direkt dann, wenn man Hunger hat, sowie abendliches Tanzengehen stellen mögliche Ergänzungen eines einfachen Lebensstils dar, der sich innerhalb weniger Tage fest als Lebensgröße Raum verschafft hat. In dieser sehr direkten, unmittelbaren Form zu leben fällt es schwer, an die Zurückgebliebenen zu denken. Ein „Hallo, uns geht's gut"-Anruf muß ausrei-

---

[47] Apostrophiertes („...") gibt, falls nicht anders ausgewiesen, wörtliche Zitate aus den Interviews wieder.

chen, um jene zu beruhigen. Dieser unbeschwerte, fast sorglose, jedenfalls einfache und direkte Umgang mit der Zeit des Urlaubs soll in keiner Weise gestört werden. Bereits das Schreiben von Urlaubskarten wird von einigen als eine solche Störung der geschätzten Lebensweise erlebt und stellt allein schon beim Gedanken an den ausstehenden Besorgungsgang, wo Karten und Briefmarken gekauft werden sollen, ein Reizthema dar.

Die Wahrnehmung der winterlichen Berglandschaft vermittelt eine ähnlich gelagerte Direkt- und Einfachheit. Die saubere, kalte, klare Luft führt einem vor Augen, in „welchem Dreck" tagtäglich zu Hause gelebt wird. Die gedämpfte Geräuschkulisse der in einen Schneemantel eingehüllten Winterlandschaft wird als sehr angenehm empfunden. Lediglich die Gleitgeräusche der anderen Schifahrer, ab und zu ein fernes Lachen oder ein entsetzter Schrei eines Stürzenden hellen diese abgedunkelte Geräuschkulisse etwas auf. Das Erleben der imposanten Bergwelt übt seinen besonderen Reiz aus. Vor dem Anblick der Unverrückbarkeit der mächtigen Berge erlebt man sich „ohnmächtig", „bedeutungslos", „klein und nichtig". Im Erklimmen der Berge mit Hilfe der Seilbahnen verändert sich dieser Eindruck; spätestens am Gipfel, von dem man einen prachtvollen Ausblick auf die „Welt von oben" hat, verkehrt sich das Erleben. Man fühlt sich plötzlich „frei wie ein Vogel", ist von einem Gefühl „unbegrenzter Freiheit" durchdrungen. „In solchen Momenten fühlt man sich so seltsam verbunden und eins mit der Welt."

Beim Schifahren selbst tritt Sinnlich-Körperliches in den Vordergrund. So verspürt man die Kälte, die einem teils unangenehm in die Kleidung kriecht, ein Schmerzen der Beine, die Qualität der Schnee-Unterlage („gerippt", „knallhart", „eisig", „butterweich") und natürlich die Geschwindigkeit, spürbar am Körper und hörbar am Rauschen um die Ohren. Im Dahingleiten beginnt sich ein Gefühl von Leichtigkeit und Zufriedenheit einzustellen. Man genießt das Hin und Her im Schwingen, die rutschige Unterfläche und den Kantendruck, mit dem man sich auf dem Hang hält. Gleitet man mühelos dahin, setzt seine Schwünge in Leichtigkeit hintereinander, stellt sich ein besonderes Gefühl von „Harmonie mit sich selbst" ein. Selbstvergessen rauscht man beinahe „glücklich und zufrieden" den Berghang hinunter. Im Fahren hört man auf, über die eigene Technik oder sonst etwas nachzudenken, man „fährt einfach so dahin", „denkfrei".

Ärgerlich sei, daß diese wunderbare Verfassung so leicht gestört werden kann, indem etwa ein unachtsamer Schifahrer die eigene Spur kreuzt und man aus seinen Tagträumereien herausgerissen wird, oder beim Anstehen am Lift, wo Mitfahrer wie Fremde „immer etwas zu labern haben." Es kann auch stören, wenn man unter dem Gehänge eines Sesselliftes fährt, wenn man also „genau mitbekommt, daß die da oben auf mich hinunterglotzen" und eine „Bewertung der Fahrtechnik" vornehmen. In diesem Fall fühlt man sich „wie auf der Bühne", wo man von anderen begutachtet wird. Manche, vor allem die besseren Schifahrer, lieben diese Möglichkeit zur Selbstinszenierung; sie legen es geradezu darauf an, in solchen Situationen besonders spektakulär zu fahren und so einen glanzvollen Auftritt hinzulegen. Gelingt ein solcher Auftritt, färbt der Glanz den ganzen Tag ein, „der Tag ist gerettet". Im Falle des Mißlingens „fühlt man sich wie ein begossener Pudel."

Als besonderes Erlebnis wird die Tiefschneefahrt benannt, die nun idealtypisch in ihrem Ablauf beschrieben wird.

Am Anfang steht man vor dem steilen, weiß glitzernden Tiefschneehang. Vollkommen „unberührt" und „jungfräulich" liegt er da, wartet nur darauf, befahren und „genommen" zu werden. Ein leichtes Herzklopfen macht sich bemerkbar. Ein aufmerksamer Blick schweift über die glatte, glitzernde Fläche, versucht den Weg der ersten Schwünge vorwegzunehmen, ebenso wie ein Blick bis zum Ende des weißen Hanges die ungefähre Richtung der Talfahrt wie ein inneres Bild festhalten möchte. Anhaltspunkte werden gesucht, machen den Hang etwas bekannter und ermöglichen ein Einteilen und Orientieren der Fahrt.

Ruckartig werden die Schi mit der Talspitze zum Fahren gebracht, während die ersten zwei, drei Meter mit einem vorsichtigen, durch die Beine tastenden Befühlen des Untergrunds gefahren werden. Zart drückt man die Schi in guter Mittellage in den weichen Boden, der gibt nach, und man wartet augenblicklich auf die federnde Resonanz des Tiefschnees. Daran einschätzend, wie naß oder pulvrig, schwer oder leicht der Schnee zu befahren ist, beginnt sich ein innerliches „Jetzt und Hopp" in Form eines ersten, immer noch vorsichtigen Schwunges Ausdruck zu verschaffen, indem ein kurzes Druckgeben ein leichter werdendes Erheben aus dem tiefen Schnee ermöglicht. Schon senken sich die kurz aus dem Schnee ragenden Schier wieder gegen den Boden, diesmal auf der anderen Seite, drücken nun bereits kraftvoll und entschieden in den weichen Glitzer, der die ersten leichten Pulverflocken gegen den Oberkörper wirft. Der nächsten Schwung wird bereits gesetzt, nun entschieden und sicher, der Tragfähigkeit des Tiefschneeuntergrunds fast zur Gänze vertrauend. Der fängt die druckvolle Eintauchbewegung sanft und zeitverzögert ab, läßt genau erspüren, wo der Schnee nicht weiter zu durchdringen ist und gibt leicht federnd den Weg frei zurück in die Höhe.

Das ständig an Sicherheit gewinnende Schwingen verändert die anfängliche Zögerlichkeit in ein vorwärtsdringendes Dahin und Hinab. Samtweiches und Glitzerndes hüllen ein und umfangen. Mit jedem auf und ab, hin und her eines jeden Schwunges ergreift einen eine schwebende Leichtigkeit, die sich mehr und mehr ausbreitet und alles einnimmt. Nur noch der Schwung zählt, jetzt und hier, dann der nächste. Und plötzlich, ohne zu wissen, woher und wie, steigert sich das Schwebende und Leichte in das Gefühl einer beglückenden Freiheit, die mit einem Kribbeln den ganzen Leib erfaßt und trotz aufgewirbeltem Schnee den Mund zu einem hellen Lächeln formt. „Nicht ich fahre, sondern ich werde gefahren, obwohl ich aktiv einen Schwung nach dem anderen setze." Man ist ganz, ganz hin und her und auf und ab. Man spürt diesen Moment, möchte ihn festhalten, was aber nicht gelingt.

Mit dem letzten Schwung, der weich im Tiefschnee sein Ende findet, bahnt sich, jede noble Zurückhaltung überwältigend, ein überschwenglicher Glücks-Schrei den Weg ins Freie. Mit einem einzigen Blick auf die gefahrene Spur und ihren gleichmäßigen Rhythmus taucht man aus dem gefühlshaften Involviertsein in der Bewegung auf und betrachtet den somit sichtbaren Rhythmus mit Stolz von Außen.

5.2.3 Analyse

Rückblickend auf die Tatsache, daß die Gegenstände der Psychologie immer erst festgelegt werden müssen, wäre hier anzumerken, daß im Rahmen der Untersuchung zwei Einheiten gemeinsam zur Untersuchung kamen. In der Tiefschneefahrt wurde das Nacheinander (Ablauf) einer Handlungseinheit befragt, die in den Berichten immer eingebettet war in das Erleben der Wirkungseinheit Schifahren im Winterurlaub.[48] Beide Einheiten sollten hier zur Sprache gebracht werden, da sich in beiden zentrale Wesenszüge der Verfassung des Unmittelbaren aufzeigen lassen. Dies wären die *Entdifferenzierung*, die *Vereindeutigung* und die *Vergegenwärtigung*.

Entdifferenzierung

In den Beschreibungen zum Schiurlaub/Schifahren und zur Tiefschneefahrt läßt sich über deren Verlauf ein allgemeiner Zug der Entdifferenzierung ausmachen. Komplexe Zusammenhänge werden ihrer Verästelung beraubt. In den Vordergrund rücken Qualitäten wie Einfachheit, Natürlichkeit und Direktheit. So machen sich die ersten Entdifferenzierungen bereits beim Verlassen des Zuhauses bemerkbar. Die Komplexität des Alltags wird zurückgelassen, der neue Alltag des Schiurlaubs ist demgegenüber einfach gestrickt. Der Tagesrhythmus sieht lediglich ein Aufstehen, Schifahren und Schlafengehen vor. Die Begegnungen im Wintersport, vor allem aber am Berg entledigen sich ebenfalls aller distanzierenden Formalitäten, indem etwa die formlose Du-Form als Anrede verwandt wird. Sie findet sich ebenso in der Direktheit so mancher Apres-Ski-Situation. Schischuhe und Schikleidung unterstützen den Zug der Entdifferenzierung, indem sie die Freiheitsgrade der Beweglichkeit deutlich einschränken. Im Schifahren selbst macht sie sich im Einswerden mit der Welt oder im „denkfreien" Raum bemerkbar, im Tiefschneefahren in der Reduktion auf das Schwingen.

---

[48] An diesem Beispiel wird vielleicht der Mehrwert der Verfahrenstechnik des Tiefeninterviews sichtbar, denn ohne Freiräume in den Explorationen (die natürlich konzeptgeleitet durchgeführt werden) bzw. durch vorschnelle Kategorisierungen könnte sich der „natürliche" Zusammenhang zwischen Schifahren und Winterurlaub nicht einstellen.

Vereindeutigung
Dieser erste Zug wird ergänzt durch einen damit eng zusammenhängenden Komplex, der als Vereindeutigung bezeichnet werden kann. Das Entdifferenzierte wird im Sinne des Einfachen, Direkten vereindeutigt. Je nach Stellung erlebt man sich in bezug auf die Bergwelt ohnmächtig oder allmächtig. Die Luft ist klar und kalt. Körperlich schmerzen die Beine oder der Muskelkater am Körper - Sinnlich-Körperliches stellt sich vereindeutigt dar, ebenso wie Emotionales. Man freut sich und ist glücklich, oder ärgert sich und streitet. Das Schifahren vereindeutigt gemischte Gefühlslagen, etwa im deutlichen Erleben von unbegrenzter Freiheit, von Freude, von Zufriedenheit und Glückseligkeit, natürlich aber auch im Ärger über einen Fehler oder der Angst vor einer besonders schwierigen Pistenstelle.

Vergegenwärtigung
Der dritte Aspekt meint sowohl das Aufheben des gewohnten zeitlichen Gefüges im Sinne eines Gegenwart-Werdens des Erlebens, wie auch das damit eng verknüpfte Vergegenwärtigen eines Hier-und-Jetzt. Ersteres findet sich etwa repräsentiert im Tagesrhythmus des Schiurlaubs und dem darin so oft beobachtbaren Verlust der genauen Bestimmbarkeit des Wochentages. Ausdruck dafür ist die Orientierungs-Frage: „Haben wir heute Dienstag oder Mittwoch?" Zugleich führt das Schifahren selbst zu einer Entzeitlichung, am radikalsten in der Selbstvergessenheit des Tuns selbst, worin ein unmittelbares Hier und Jetzt erlebt wird. Das Entzeitlichen löst aus den Verbindungen der Vergangenheit und Zukunft, eröffnet den Raum für das Hier und Jetzt eines radikal Gegenwärtigen, das sich selbst im sinnlichen Erspüren vergegenwärtigt.

Die drei genannten Bestimmungszüge - die Entdifferenzierung, die Vereindeutigung und die Vergegenwärtigung - zeichnen sich übereinstimmend darin aus, daß sich in ihnen eine Bewegung zu einer *sinnlichen Unmittelbarkeit* ausmachen läßt. Etwa im einfachen Tagesrhythmus eines entdifferenzierten Alltags, oder in der sinnlichen Direktheit eines vereindeutigten Umwelt- bzw. Körpererlebens, oder in der Vergegenwärtigung eines Hier und Jetzt. Das Psychische ist davon niemals nur teilweise, sondern im Ganzen ergriffen. Die psychische Verfaßtheit im sinnlich Unmittelbaren tritt somit in zeitlich unterschiedlicher Dimensionierung auf, mal über den Zeitraum eines

Wochenurlaubs, dann wiederum verdichtet, aber umso radikalisierter, im Kurzeindruck einer Tiefschneeabfahrt. Das ist gemeint, wenn hier von einer Verfassung des Unmittelbaren gesprochen wird.

Nachdem nun versucht wurde, erste allgemeine Bestimmungszüge der Verfassung des Unmittelbaren herauszustellen, wendet sich die Arbeit nun der Analyse der Handlungseinheit Tiefschneefahrt zu, an der exemplarisch der *Produktionsvorgang* jener für die kurze Dauer des Fahrerlebnisses selbst bestimmenden Verfassung auseinandergesetzt werden soll.

Ein erster Blick auf die Beschreibung der Tiefschneefahrt läßt folgenden Entwicklungsgang erkennen: Subjekt und Objekt, Schifahrer und Tiefschneehang, stehen sich anfangs noch gegenüber, sind als solche noch getrennt. Im Befahren des Hanges löst sich dieses Gegenüber auf und wird zu einem Mitgegebenem, was sich etwa im beschriebenen Eindruck des Eintauchens in den tiefen Schnee erlebenswirksam zeigt. Dann geschieht etwas Seltsames. Man erfährt sich plötzlich als nicht mehr aus sich selbst heraus bestimmt fahrend, sondern das Erleben eines „Es fährt mit mir" übernimmt kurzzeitig die Regie des Geschehens. In diesem „Es" erlebt sich der Schifahrer als Ganzer involviert und evoziert das Erleben von Leichtigkeit und vitaler Freiheit. Der Versuch, „Es" durch die Hinwendung von Aufmerksamkeit festzuhalten, katapultiert einen in der Regel aus diesem „wunderbaren Zustand" für diese Fahrt unwiederbringbar heraus. Mit dem letzten Schwung der Tiefschneefahrt endet dieses glückhafte Erleben.

Diese kurze Analyse zusammenfassend, kann man feststellen, daß sich im Tiefschneefahren eine Verfassung des Unmittelbaren entwickelt. Aufgrund der Ergebnisse wäre diese als eine „Verfassung des Jenseits-von-Subjekt-und-Objekt" (Heubach, 1986, 165) zu bestimmen. Mit anderen Worten: In der Tiefschneefahrt werden wir Zeuge, wie sich eine neue seelische Organisationsform als Verfassung im Psychischen installiert. In dieser Verfassung dominieren primär sinnliche Momente, die Opposition von Subjekt und Objekt ist kurzzeitig gelockert bzw. aufgehoben.

Als erste Antwort auf die Ausgangsfragestellung dieser Arbeit nach der psychologischen Wirkung des Sports könnte man also an dieser Stelle - vom Tiefschneefahren auf Sporthandlungen allgemein generalisierend - die veränderte Subjekt-Objekt-Relation, die damit möglich gewordene Sinnlichkeitsdominanz im Psychischen und die daraus evozierten, in der Regel „positiven" Gefühle anführen. Gänzlich verkürzt wäre es, wollte man hier lediglich bei der Benennung sogenannter „positiver Emotionen" oder allgemein von „Erlebnisweisen" stehenbleiben. Damit wäre ein nur geringer Erkenntniswert gegeben. Aber auch wenn hier behauptet wird, die psychologische Wirkung von Sporthandlungen beruhe auf der Installation und dem Wirksamwerden einer Verfassung des Unmittelbaren, ist lediglich ein erster Zusammenhang aufgezeigt. Eine solche Erklärung gibt aber noch keine Auskunft über den Herstellungsvorgang selbst, also das Wie des Installiertwerdens. Deshalb muß die Analyse weitergetrieben werden, um jenes Kunststück in den Blick nehmen zu können, in dem es einer bescheidenen Bewegungsform gelingt, eine derartig radikale Modulation des Ich-Welt-Verhältnisses in einer für das Seelische äußerst attraktiven Art und Weise herzustellen. Wie „schafft" es also dieses Hin und Her und Auf und Ab des Tiefschneefahrens, ein umfassendes Gefühl beglückend-vitalisierender Freiheit zu evozieren? Um eine Antwort zu erhalten, muß das Nacheinander des Handlungsverlaufs nun im Detail rekonstruiert werden.

Am Beginn herrscht - wie bereits gesagt - eine Situation des Gegenübergestellten. Der Tiefschneehang wird (noch) als Ding prüfend begutachtet. Ein vorauseilender Blick versucht erste Markierungen in die „tabula rasa" des monomorphen Zustandes der weißen Fläche zu setzen. Damit soll dem Hang ein wenig das Undurchdringbare seiner Gleichförmigkeit genommen werden. Der bis weit nach unten führende Blick versucht zudem, die gesamte Fläche zu rahmen. Minimale Binnendifferenzierung und Rahmung bilden also die ersten Aktivitäten der Herstellung einer Verfassung des Unmittelbaren. In diese erste Vor-Formung wird nun hineingefahren.

Man kann die seelische Verfassung, in der dieses Prüfen und Markieren vollzogen wird, mit Straus als *gnostisch* bezeichnen. Gemeint ist damit jener Modus der Kommunikation mit der Welt, der für das Wahrnehmen und Erkennen charakteristisch sei. Wahrnehmen ist für Straus eine Form des Feststellens. Der wahrnehmende Blick stellt - und legt damit auch - fest, welcher Weg gleich genommen wird. Wenn er auf eine kleine Unebenheit in der ansonsten spiegelglatten Schneeoberfläche trifft, dann setzt der Schifahrer - alleine schon durch die Art seines Blickes - eine jenen Punkt feststellende Markierung. Das Antizipieren einer in Kürze erfolgenden Bewegung ist im Falle des Schifahrens also ein Setzen von Fest(en)-Punkten, die als Markierungen und damit als Halt dienen.

Mit dem Losfahren beginnt spürbar ein neuer Abschnitt. Anfänglich dominiert noch der gnostische Modus. In den ersten Metern wird die Beschaffenheit des Untergrunds geprüft. Für einen selbst oft gar nicht bemerkt, drückt man die Schi mehr oder weniger leicht in den tiefen Schnee und prüft damit, ab welchem Moment er widerständig wird und zu tragen beginnt, ab welcher Sinktiefe also mit einem Halt zu rechnen ist. Das Prüfende und Wahrnehmende setzt sich auch in den ersten Momenten des Anfahrens fort.

Indem nun losgefahren wird, ändert sich aber Entscheidendes. Durch das In-Bewegung-Kommen beginnt ein neuer Abschnitt, der neue Chancen, aber auch Begrenzungen mit sich bringt. Mit einem - nach innen oder außen gesprochenen - Zeichen („und Hopp") beginnt das erste Tief und Hoch des ersten Schwunges. Indem die erst zaghaften, dann sehr schnell sicherer werdenden Bewegungen des Auf und Ab, Hin und Her gemacht werden, passiert nun - bei den einen sehr schnell gleich im ersten Schwung, bei anderen wiederum etwas später mit der Fortdauer des Schwingens - ein entscheidender Wechsel in der Kommunikation mit der Welt. Je sicherer die Schwünge gesetzt werden können, je gleichmäßiger und je gleichgewichtiger das Geschehen verläuft, um so mehr rückt das prüfende Betasten in den Hintergrund und wird ersetzt durch ein Empfinden, das die Gesamtbewegung umfaßt und einschließt. War bislang die Aufmerksamkeit punktuell etwa auf die Beine gerichtet, ist nun so etwas wie die Tür zum Erleben der gesamten Bewegung und zum Sinnlichen aufgestoßen.

Dieses Umspringen von einem Modus in den anderen wird von den Befragten meist als etwas beschrieben, was sich „wie von selbst" ergibt, „automatisch plötzlich da ist." Ennenbach (1991) spricht in diesem Zusammenhang von einem „qualitativen Sprung" (ebd., 212), der sich im Verhältnis zur Situation einstellt, wenn also ein qualitativer Umschwung vom empfindenden zu einem wahrnehmenden Modus (und umgekehrt) stattfindet. Mit einem solchen Wechsel ändert sich die gesamte Ich-Welt-Figuration. Wird die Welt im gnostischen Modus des Wahrnehmens und Erkennens in ihren Objekten noch als *gegenüberstehend* erlebt, so ändert sich dies im pathischen Modus zu einem *Mitsein bzw. Mitgegebensein der Welt*. In dieser Kommunikationsform mit der Welt dominiert nun die Logik des Empfindens. Nicht mehr Feststellendes und Erkennendes bilden die Erfahrungsweisen der Welt, sondern das durch das *Empfinden erfahrbare Unmittelbare des Sinnlich-Leiblichen,* sowie die Gliederung des Raum-Zeitlichen in seiner Psycho-Logik als Lockendes und Schreckendes, als ein Jetzt und Hier (vgl. Straus, 1956, 256ff).

In den strukturellen Zügen der Entdifferenzierung, Vereindeutigung und Vergegenwärtigung kommt das Wirken jenes Modus bereits zum Ausdruck. Die Klarheit und Gegenübergestelltheit des Differenzierenden in der wahrgenommenen Welt nimmt ab und findet sich in einem einfachen Hier wieder, das Geschehen vereindeutigt sich um sinnlich-leibliche Momente, es findet eine Zentrierung des Zeitlichen auf ein augenblickliches Jetzt statt. Aus dem teilhaften Einbezogensein in eine Situation wird ein Involviertsein in die Situation als Ganzes. Dies meint auch Straus, wenn er feststellt: „In die gleitende Bewegung gehe ich ... im ganzen ein" (ebd., 387). Und genau dies ist es, worum es beim Tiefschneefahren wie auch in der sportlichen Aktivität überhaupt geht - um das Eintauchen und damit das Sich-Erleben *als Ganzer* in eine Bewegung und die sich damit aufschließende Welt der sinnlichen Unmittelbarkeit, wie sie im empfindenden Modus der Kommunikation mit der Welt generell möglich wird. Einmal vom Ideal ausgehend, kann man also sagen, daß, *indem* wir Schifahren, eine Form von Welthabe (Verfassung) hergestellt wird, in der man als Ganzer in die Bewegung involviert das Unmittelbare sinnlichen Erlebens erfährt. Charakteristisch für die Verfassung des Unmittelbaren ist die Auflösung der Opposition von Ich und Welt, also ein ‚Jenseits-von-Subjekt-und-Objekt'.

Da die tägliche Welterfahrung ja eine ist, die sich primär über die Bestimmungen des gnostischen Modus von Wahrnehmen und Erkennen ausbildet, in der das Empfinden quasi als „Grund" fungiert, muß etwas getan werden, um jene gewünschten Verfaßtheiten seelischer Unmittelbarkeit herzustellen bzw. die Bestimmungsverhältnisse zu ändern. Neben Rauschmitteln und Sexualität dient auch die Bewegung als ein solches Mittel, mit dem ein Wechsel von der einen in die andere Verfassung hergestellt werden kann. Wie die zahlreichen, am Beginn der Arbeit genannten Beispiele zeigen, können sowohl Formen des Sich-Bewegens wie auch des Bewegt-Werdens zum Medium (Vermittler) zwischen den beiden Verfassungen werden. Dabei behält sich das selbstbestimmte Bewegen die Möglichkeit des Changierens zwischen beiden Verfassungen am deutlichsten offen. Um die beiden Formen der Erfahrung von Welt auch bildhaft zu fassen, spricht Straus vom *landschaftlichen* und *geographischen Raum*, in dem jeweils die beiden Modi maßgeblich die Welterfahrung bestimmen (vgl. ebd., 335ff).

Zugespitzt könnte man also sagen, daß das Kunststück der Bewegung darin besteht, eine radikale Veränderung in der Erfahrung von Welt herbeizuführen, also einen Wechsel vom geographischen in den landschaftlichen Raum zu bewirken. Der Übergang von der einen in die andere Verfassung stellt sich damit als zentrale Bedeutungseinheit dar, die nun anhand der erhobenen Daten weiter verfolgt werden soll.

Die detaillierte Beschreibung dessen, was zuvor als automatisch sich einstellender „qualitativer Sprung" bezeichnet wurde, zeigt, daß einiges „getan" werden muß, damit der Eindruck des automatischen „Wie-von-selbst" entstehen kann. Die Durchsicht des erhobenen Materials weist als durchgängigen Zug einen Wechsel vom aktiven Tun in ein passives Getan-Werden auf. Am besten drückt sich diese Erfahrung in der Formulierung des „es fährt mit mir" aus. Die Schifahrer haben in der Tiefschneefahrt also den Eindruck, daß nicht sie als bestimmendes Ich oder Subjekt die Tätigkeit ausführen, sondern ein „Etwas" die Führung übernimmt. Sich dieser Erfahrung überlassend, könne man, obwohl man ja immer noch im Schwingen tätig (d.h. aktiv) ist, diese seltsame Erfahrung des Entrücktseins und Getanwerdens machen. Zahlreiche andere Autoren berichten in Untersuchungen zu diversen Sportaktivitäten von der gleichen Erfahrung. So etwa Aufmuth (1986) in seiner Untersuchung des Extrembergsteigens oder Csikszentmihalyi (1985) in bezug auf die diversen Untersuchungen zum *flow*-Erleben (vgl. auch M. und I.S. Csikszentmihalyi, 1995).

In der Psychologie wird der Wechsel vom Tun zum Getan-Werden als entscheidender Drehpunkt für die Ausbildung von rauschhaften Zuständen der Ekstase und des Beglücktseins beschrieben (vgl. Salber, 1986b, 46; Blothner, 1993). Wie kann es aber überhaupt möglich sein, daß im Aktivsein des konkreten Bewegungsvollzugs (im Tun) sich die als passiv beschriebene Form des Getan-Werdens etablieren kann?

Mit Blick auf die Verhaltens- und Erlebensbeschreibung zur Tiefschneefahrt (aber auch zum Winterurlaub) läßt sich erkennen, daß *Rhythmus* und *Wiederholung* eine ursächliche Bedeutung haben. Erst die rhythmisierende Wiederholung des Immer-Gleichen, wie sie sich im Hin und Her, Auf und Ab des Schwingens (Schwunges) einstellt, ermöglicht es dem Psychischen, den Übergang vom Tun zum Getan-Werden auszubilden und dann auch zuzulassen. Bot bislang das wahrnehmende (feststellende) und erkennende Umgehen mit dem Tiefschneehang genügend Halt und Rahmung, so verlieren sich diese notwendigen Markierungen mit der unaufhörlichen Fortdauer der Bewegung. Soll die Tiefschneefahrt nicht nur eine Schrägfahrt über den Hang werden, die zwar genug Halt im Glatten liefert, aber eben kein Hinabgleiten und Schwingen, so muß der immer notwendige Halt im Schwingen selbst gefunden werden. Dem Könner gelingt dies ohne Mühe. Er findet den notwendigen Halt in der *Bewegungsgestalt des Schwingens*, der rhythmisierenden Wiederholung des Hin und Her, Auf und Ab. Sich auf das Haltschaffende dieses Bewegungsprinzips verlassend, bildet der Fahrer in seinem Tun einen *stabilisierenden Rahmen*, mit dessen Hilfe es sich nun auf der Glätte des Tiefschneehangs - immer für den kurzen Moment des Haltfindens - sicher bewegen läßt.

Im andauernden Gleichklang des Wiederholens, was sich als ein sicherndes „Immer-Wieder-des-Gleichen" darstellt, kann sich also - im Tun - eine das ständige Werden des Gleitens durchformende (haltgebende) Gestalt ausbilden. In Anlehnung an Klemm (1954) wurde hier der Terminus *Bewegungsgestalt* verwandt. Indem sich der

Fahrer nun *dem Sichernden dieser Bewegungsgestalt* überläßt, ist eine wesentliche Voraussetzung für den „qualitativen Sprung" in ein neues Erfahren von Welt gegeben. Es muß nicht mehr festgestellt, wahrgenommen und erkannt, sondern es kann nun empfunden werden. Mit diesem Wechsel des Modus der Welterfahrung stellt sich zugleich jene Verfassung des Unmittelbaren ein, die nun in der Tiefschneefahrt erlebenswirksam werden kann. Der Tiefschneehang wird nicht mehr als ein Gegenüberstehender erkannt, sondern als Mitgegebener empfunden. In den Momenten des Fahrens befindet sich der Schifahrer im Jenseits-von-Subjekt-und-Objekt, in dem nun das Sinnlich-Leibliche dominiert.[49]

Indem sich also dem Bewegungsprinzip des Schwingens (rhythmisierende Wiederholung) überlassen wird, baut sich in der Haltlosigkeit des Gleitens ein Halt (haltgebender Rahmen) auf, der den Übergang von Tun zu Getan-Werden überhaupt erst ermöglicht. Nun wird erkennbar, welch zentrale Funktion dem *Rhythmus* und dem darin verwirklichten Charakter der *Wiederholung* im Produktionsprozeß der Verfassung des Unmittelbaren zukommt. Diese stellt sich ja gerade durch den Wechsel von wahrnehmender zu empfindender Kommunikation im Ich-Welt-Verhältnis ein. Gelingt dieser Übergang, kann für die kurze Dauer der Tiefschneefahrt - sollte sie glatt und ohne Störung verlaufen - eine Dominanz der sinnlich-leiblichen Verfaßtheit genossen werden. Darin ist für kurze Augenblicke der konventionelle Zustand einer Subjekt-Objekt-Opposition aufgelöst. Die Notwendigkeit der Ichhaftigkeit ist für diese Zeitspanne nicht gegeben, daher kann sich eine Selbstvergessenheit einstellen.

Mit den hier dargelegten Ausführungen könnte man sogar soweit gehen, die These zu vertreten, daß es im Tiefschneefahren (und generalisiert bei den meisten Bereichen des Sports) insbesondere darum geht, den täglich zu erbringenden Aufwand kultivierter Ich-Zentrierung kurzzeitig einzutauschen gegen das reizvolle Eingebettetsein

---

[49] Das Schifahren im tiefen Schnee stellt sich damit selbst als ein glatter, haltloser Erfahrungsraum dar, in dem die scheinbare Unmöglichkeit realisiert werden muß, über die Ausbildung einer Bewegungsgestalt (Bewegungsprinzip) „fließende Haltepunkte" als überdauernde Eigenschaft zu etablieren. Mit seinem am „Natürlichen Turnen" von Gaulhofer und Streicher angelehnten Schilehrweg der Einbein-Methode und des Budo-Skis versucht Tiwald (1984, 1996b) diesen Sachverhalt didaktisch zu berücksichtigen.

in das subjektfremde Getanwerden einer Handlung. Als *psychologisches Thema* der hier ins Auge gefaßten und in der Handlungseinheit Tiefschneefahren[50] realisierten Verfassung des Unmittelbaren könnte also *das über die Bewegung sich intentional aufhebende und mit der Welt verschmelzende Subjekt* aufgewiesen werden. Und um es nochmals mit anderen Worten auszudrücken, kann im Bemühen, über sportliche Tätigkeit eine Verfassung des Unmittelbaren herstellen zu wollen, der Versuch gesehen werden, sich kurzzeitig den belastenden Ansprüchen und beengenden Zwängen täglicher Kultivierung zu entledigen und in einer anderen (unmittelbareren) Lebenseinheit aufzugehen.

Die Analyse der Handlungseinheit Tiefschneefahren abschließend soll nun noch kurz auf zwei Fragen eingegangen werden. Zum einen sollen einige metapsychologische Hinweise darüber angeführt werden, worin für die seelische Konstruktion das Reizvolle einer solchen Erfahrung der Verfassung des Unmittelbaren liegt. Mit dieser eng zusammenhängend soll als zweites andeutungsweise geklärt werden, worin eine *psycho-logische* Erklärung für das Auftreten so außergewöhnlicher Erlebensweisen wie das Beglücktsein im sportlichen Tätigkeitsvollzug liegen könnte.

Zur ersten Frage. Indem sich im Bewegungsvollzug das Ich-Welt-Verhältnis im Sinne einer Verringerung bzw. Auflösung verändert und damit ein Wechsel vom gnostischen zum pathischen „Kommunizieren" mit der Welt möglich wird, installiert sich eine komplette seelische Verfassung, die des Unmittelbaren, in der die distinkten Grenzen zwischen Welt und Ich aufgelöst und beide in einer neuen Einheit - als etwas Ganzes - zusammenkommen. Durch den „sympathetischen Gehalt" (Straus, 1956, 388) des Empfindens heben sich „Außenraum" und „Körperraum" auf, das Empfinden umfaßt beides. Im empfindenden Modus, der die Verfassung des Unmittelbaren beherrscht, bestehen keine Distanz-Verhältnisse, sondern Mit-Verhältnisse. „Im sinnlichen Empfinden ... entfaltet sich die Beziehung von Individuum und Welt als ein Mit-Werden" (ebd., 409). Soweit das bislang Bekannte.

---

[50] Man könnte mit Heubach (1996) auch in diesem Falle von einer „Handlungsplastik" sprechen.

Indem dem Subjekt nun eröffnet wird, im Bewegungsvollzug die Gegen(über)ständlichkeit der Welt kurzzeitig aufzulösen, wird es ihm gleichzeitig möglich, „jenen frühen differenzlosen Zustand situativ wiederzubeleben, dem es ontogenetisch entsprang" (Heubach, 1996, 122). Auf die Ausführungen zur Entwicklungspsychologie nochmals rekurrierend, wird damit klar, daß es im Bewegungsvollzug gelingt, jene frühe, die Subjekt-Objekt-Differenz notwendig bedingende *Spaltung für den Zeitraum des Handlungsaktes selbst aufzuheben.* Im undifferenzierten Verwobensein von Ich und Welt, im Jenseits von Subjekt und Objekt, im Sinnlichkeitsdesign der Verfassung des Unmittelbaren wird damit eine situative und temporär begrenzte *(Re-)Totalisierung* des Psychischen möglich, oder wie Heubach es auch nennt, eine „retrograde Totalisierung des Psychismus" (ebd.).

Daß bereits das kurzfristige Erleben einer solchen Totalisierung des Psychischen für das Individuum im höchsten Maße reizvoll ist - damit nun zur zweiten Frage -, zeigt die tiefenpsychologische Studie von Blothner (1993) zum glücklichen Augenblick, der darin charakterisiert wird, daß in ihm für einen kurzen Moment der Eindruck einer Verfügbarkeit über das generell unverfügbare Total (das Ganze) entsteht (vgl. ebd. 159f.). Die Konstruktion des „seelischen Apparates" ist darauf angelegt, (gezwungenermaßen) immer eine bestimmte Gestalt werden zu müssen, die sich gegenüber der Umwelt und sich selbst als (über)lebenswirksam erweist. Auf diesen Zusammenhang deuten bereits die Arbeiten von Freud, Piaget, den Gestalt- und Ganzheitspsychologen, aber auch die naturwissenschaftlichen Studien von Goethe und die Theorien Darwins hin. Um also überhaupt ein Etwas werden zu können, muß das Ganze verlassen werden. Wenn Heubach (1996) die Spaltung als einen Mechanismus bestimmt, der zentrale Bedingung für die (überlebens)notwendige Subjekt-Objekt-Opposition ist (vgl. ebd, 93f), oder wenn Straus (1956) von der Notwendigkeit des Sprengens der Horizonte spricht (vgl. ebd., 346), so ist damit dieses notwendige Verlassen des Ganzen gemeint, damit Seelisches überhaupt etwas werden und sich weiterentwickeln kann. Deshalb kann Straus auch die „Un-Ganzheit" als einen den Menschen bestimmenden Wesenszug benennen, diese Zuständlichkeit aber gleichzeitig als Ausgangspunkt für die Möglichkeit von Werden und Verändern ansetzen. „Weil wir im einzelnen Augenblick *unganz* sind, bedürfen wir der Ergänzung, können wir uns verändern, können wir im Kontinuum des Werdens von einem Augenblick zum anderen, von einem Ort zum anderen übergehen" (ebd. 275).

Damit ist bereits angedeutet, was im nächsten Kapitel im Zusammenhang mit der Theorie des *flow*-Erlebens genauer beleuchtet wird. Im Ablauf der Tiefschneefahrt wird durch Rahmungen und Festlegungen eine Art künstliches (eingegrenztes) Total geschaffen, über das *im Bewegungsvollzug* (hier in der Tiefschneefahrt) *versucht wird zu verfügen*. Gelingt dies, dann kann sich eine Re-Totalisierung des Psychischen einstellen - nun aber nicht mehr im Sinne einer Regression auf einen entwicklungsgeschichtlich früheren Zustand, sondern, ohne den aktuellen Entwicklungsstand jemals ganz verlieren zu müssen, zeitlich begrenzt auf die Zeitdauer des Vollzugs der Tätigkeit.

Zusammenfassend läßt sich also festhalten, daß es mit der sportartspezifischen Bewegung des Tiefschneefahrens möglich wird, eine Verfassung des Unmittelbaren im Psychischen zu installieren, die über das zeitlich begrenzte (Wieder)Beleben eines differenzlosen (frühen) Zustandes zwischen Subjekt und Objekt hergestellt wird. Dies gelingt über ein dominantes Bewegungsprinzip - im untersuchten Fall über die rhythmisierende Wiederholung - und der darin als Halt sich ausbildenden Rahmung des Geschehens. Dadurch wird ein Wechsel im Modus der Welterfahrung vollzogen. Die Dominanz des Gnostischen (als Figur) wird zugunsten des Pathischen in den Grund gearbeitet. Das als Halt wirkende Bewegungsprinzip und das Hervortreten des pathischen Modus führen zur Bereitstellung der Möglichkeit eines weiteren Wechsels, dem vom Tun zum Getan-Werden. Im weiteren Vollzug dieses Wechsels wird Spaltung, die grundsätzlich die Differenz zwischen Subjekt und Objekt konstituiert, aufgehoben und damit die psychische Situation temporär totalisiert. Erlebenswirksam wird dies etwa in den gesteigerten Wirklichkeitserfahrungen des Rauschhaften, des Ganzheitlichen und Beglückenden.

Die durchgeführte Analyse zeigt, daß im sportlichen Bewegen die unerhörte Chance liegt, eine Verfassung herzustellen, die frei ist von der mitunter unbehaglichen, auf jeden Fall immer wieder beschwerlichen Erfahrung, psychische Arbeit für den Aufbau und Erhalt der notwendigen Subjekt-Objekt-Differenz leisten zu müssen. Mit ihr ist es zumindest kurzzeitig manchmal möglich, jene Verhältnisse bewußtseinsbestimmend werden zu lassen, aus denen wir einst kamen.

Natürlich stellt sich in diesem Zusammenhang die Frage, warum nicht alle Menschen, sollte der Sport diese Verlockung in sich bergen, Sport betreiben. Darauf kann hier nur kurz eingegangen werden. Zum einen wäre festzuhalten, daß die Anzahl aktiv Sporttreibender weltweit eine beachtliche Größe darstellt. Wenn auch nicht regelmäßig, so doch in unregelmäßigen Abständen wird aktiv das Sich-Bewegen in unterschiedlichsten Formen aufgesucht. Als Beispiel hierfür möge das in Mode gekommene Inline-Skaten dienen, das innerhalb kürzester Zeit ähnliche Erlebensweisen in Gang zu setzen vermag, wie sie im vorliegenden Zusammenhang skizziert wurden.

Zum zweiten: Menschen, die sich um keinen Preis der Welt selbst bewegen wollen, beschreiten andere Wege, um zu ähnlichen Erfahrungen des Unmittelbaren zu gelangen. Wie an späterer Stelle noch ausgeführt wird, kann etwa die Teilnahme als Zuschauer an Sportveranstaltungen ähnliche Verfassungen evozieren.

Zum dritten sei noch kurz etwas zur Redewendung des sog. „inneren Schweinehunds" gesagt, der so gerne als Begründung für die Lust- und Motivationslosigkeit gegenüber dem eigenen Sich-Bewegen genannt wird. Meist wird er ja im Zusammenhang der Logik verwandt, sich nicht übergebührlich quälen zu wollen. Vielleicht läßt sich aufgrund des vorliegenden Erklärungsansatzes eine Ergänzung der Verstehensmöglichkeit jenes dem niederen Tierreich zugeordneten inneren, eigenen Animalischen aufzeigen. Wenn die Überlegung sich als richtig erweist und sich mit der sportlichen Aktivität die Möglichkeit der Etablierung einer kompletten Verfassung auftut, die sich durch einen unmittelbaren, sinnlichen, empfindensmäßig gesteuerten Zusammenhang charakterisieren läßt, dann bedeutet der Eintritt in dieses eigene Welterleben auch eine gehörige Portion Bereitschaft. Lösen sich darin ja - zwar kurzzeitig, aber umso deutlicher - die distinkten Grenzen und konventionellen, Halt und Sicherheit vermittelnden Erfahrungen der Wirklichkeit auf. Die Verfassung des Unmittelbaren zeichnet sich ja gerade darüber aus, daß sie nur eine bestimmte Zeit aufrecht erhalten bleiben kann und im regulären Leben einen gesonderten Bereich zugeschrieben bekommt, eben auf Pisten, in Sportstudios, am Strand, im Urlaub, im Stadion etc. Den inneren Schweinehund überwinden bedeutet also nicht nur die Bereitschaft zur Qual zur Verfügung stellen, sondern auch seine „innere" Zustimmung zu geben zu einer (meist massiven) Veränderung der Bewußtseinslage, die durch die Aufhebung der Opposition von Subjekt und Objekt geleistet wird, also zu einem Verfassungswechsel. Die Aussage „Ich habe jetzt keine Lust aufs Joggen" könnte dann also übersetzt werden mit „Ich bin zur Zeit nicht bereit, in eine Auflösung von Ich und Welt zu gehen." Wäre vor dem Hintergrund dieser Überlegungen der so gerne als animalisch ausgewiesene psychische Zug des sog. inneren Schweinehunds nicht auch als ein Bewahrer des kulturell erworbenen Standards zu verstehen?

5.3 Das *flow*-Erleben als Form des Unmittelbaren

Das von Csikszentmihalyi erforschte *flow*-Erleben kann aufgrund seiner Beschreibung als eine der Formen ausgemacht werden, die die vorliegende Arbeit im Bild von einer Verfassung des Unmittelbaren zu fassen versucht. Csikszentmihalyi (vgl. 1985) beschreibt mit *flow* die spezifische Erfahrung des Fließens, wenn Handlung und Bewußtsein verschmelzen. Mit *flow* wird jenes „holistische Gefühl" bezeichnet, welches sich einstellt, „wenn man in einer Tätigkeit aufgeht" (ebd., 58f), jenes „Gefühl der Beteiligung und Unmittelbarkeit" (ebd., 124), in dem sich das Zeitempfinden auf die Gegenwart des Tuns verdichtet.

Die Zuständlichkeit des von Csikszentmihalyi als *flow* beschriebenen Erlebens weist also die zentralen Bestimmungsstücke der hier beschriebenen Verfassung des Unmittelbaren auf. Dieses Konzept eignet sich daher besonders gut, die von Csikszentmihalyi dargestellten „Elemente" und später „Strukturen" des *flow*-Erlebens mit den in dieser Untersuchungen gewonnenen Erkenntnissen in einen Austausch zu bringen, um einen vertieften Einblick in das strukturelle Funktionieren der hier beschriebenen Verfassung zu erhalten. Dabei sollen die Ausführungen Csikszentmihalyis nicht einer umfassenden Analyse unterzogen werden, sondern als Bezugsrahmen soweit Berücksichtigung finden, als sie dem formulierten Ansinnen dienlich erscheinen.

Methodisch interessant erscheint, daß Csikszentmihalyi auf eine beschreibende Art und Weise zu den wesentlichen Bestimmungszügen des *flows* kommt und *flow* selbst als anschauungsnaher Begriff aus seinen Untersuchungen heraus für das zu beschreibende Phänomen verwandt wurde.[51] Neben diesem Detail ist hervorzuheben, daß Csikszentmihalyi in seinen Untersuchungen zum Schachspielen, Klettern, Tanzen etc. Einheiten, genauer Handlungs- bzw. Wirkungseinheiten untersucht. Zum *flow*-Erleben gelangt er nicht über die Analyse von Detailfunktionen wie Kognitionen oder Emotionen, sondern über die Untersuchung von Aktivitäten und Einheiten, wie sie

---

[51] Vgl. dazu den Hinweis von Csikszentmihalyi (1985, 73).

im Sprachgebrauch als solche auch verwendet werden, wenn wir vom Klettern oder Schachspielen sprechen und dabei nicht einzelne Teilfunktionen, sondern die Gesamttätigkeit in den Blick nehmen. Den Untersuchungen Csikszentmihalyis wie den hier vorgestellten Untersuchungen zur Tiefschneefahrt, dem Leistungssport und dem Formel-1-Geschehen liegt also ein gemeinsamer Ausgangspunkt zugrunde, der in der Bildung der untersuchten Einheiten zu sehen ist. Bei Csikszentmihalyi finden sich aber keine systematischen Aussagen zu diesem Vorgehen. Manche Interpretationen und Aussagen lassen eher vermuten, daß er diese Einheitsbildung ohne metatheoretische Vorüberlegungen getroffen hat.

Als zentrale Elemente des *flows* bestimmt Csikszentmihalyi (1985, 61ff) die folgenden sechs Charakteristika:

1. Handlung und Bewußtsein sind miteinander verschmolzen.
2. Zentrierung der Aufmerksamkeit auf ein beschränktes Feld von Reizen.
3. Selbstvergessenheit bzw. Verlust des Bewußtseins seiner selbst.
4. Kontrolle über Handlung und Umwelt.
5. Eindeutige Handlungsanforderungen und klare Rückmeldungen.
6. Autotelischer Charakter.

Die sechs Elemente des *flow*-Erlebens, die in seiner Veröffentlichung zehn Jahre später auch als „Dimensionen" bezeichnet werden (vgl. Csikszentmihalyi, 1995, 46), sind als beschreibende Züge des *flow*-Erlebens zu verstehen. Sie benennen charakteristische Situationsmerkmale der Zuständlichkeit *flow*. Damit umreißt Csikszentmihalyi die „Gestalt" eines Gebildes, das bereits den Endpunkt einer längeren Entwicklung darstellt. Die Strukturzüge bestimmen zwar die Figuration, sagen aber nichts über deren Zusammenwirken und Entstehen aus.

Wenn also von einer Verschmelzung von Handlung und Bewußtsein als einer das *flow*-Ereignis bestimmenden Dimension die Rede ist, dann ist wohl damit die durch einen Verfassungswechsel bedingte pathische Weise der Wirklichkeitserfahrung angesprochen. Csikszentmihalyi selbst beschreibt aber nicht das Zustandekommen bzw.

die Herstellung dieses Verschmelzungsvorgangs, sondern beläßt seine Analyse im Zustand der Charakterisierung der Phänomenlage. Lediglich der Hinweis auf das „Gleichgewicht von Anforderungen und Fähigkeiten" (ebd.), also eine relative Ausgewogenheit zwischen Anforderung und Können (Fähigkeiten), werden als notwendige Bedingungen für die Entstehung von *flow* genannt.[52] Daß Csikszentmihalyi aber auch etwas von der Produktionsseite und damit der Prozessualität des *flow*-Erlebens verspürt, wird lediglich in einer kleinen Bemerkung deutlich, in der es in bezug auf das *flow*-Erleben heißt: „Es geht jedesmal darum, die jeweilige Realität einzugrenzen, dadurch die Kontrolle über einen Ausschnitt zu erlangen, und auf die Rückmeldungen mit einer Konzentration einzugehen, die alles andere als irrelevant ausschließt" (ebd., 80). Dieser Bemerkung, die in ähnlicher Weise bereits am Ende der Ausführungen zur Handlungsanalyse der Tiefschneefahrt angeklungen ist, soll nun im weiteren gefolgt werden, indem einzelne Bestimmungselemente des *flow*-Erlebens hier erweiternd interpretiert werden.

Die randständige Bemerkung Csikszentmihalyis umfaßt - hier interpretiert als Aussage zur Produktion eines *flow*-Erlebnisses - den Bestandteil der Realitätseingrenzung. Diese Bestimmung findet sich wieder im Merkmal der Aufmerksamkeitszentrierung auf ein beschränktes Stimulusfeld. Im Beispiel des Tiefschneefahrens findet sich jene Aufmerksamkeitszentrierung wieder im gnostischen Blick, der über den gesamten Hang gleitet und die ersten Schwünge im Schnee antizipiert. Psychologisch gesprochen geschieht in diesem Moment sicherlich eine Zentrierung der Aufmerksamkeit im Sinne der Hinwendung auf das zukünftige Geschehen, aber noch mehr eine *Begrenzung* bzw. *Eingrenzung* eines nach allen Seiten hin offenen (Bewußtseins-) Feldes.

Auf keinen Fall kann mit der Aufmerksamkeitszentrierung ein willentlich-fixierendes Hinwenden gemeint sein, da dieses den späteren Umschwung im Modalbezug zur Welt versperren würde. Sie weist vielmehr eine Nähe zu jener Aufmerksamkeitsform auf, die Freud (1989c) als Gesprächshaltung für den Therapeuten in der analytischen Situation empfiehlt. Die sog. „freischwebende Aufmerksamkeit" (vgl. ebd., 170) ist

---

[52] Vgl. auch Csikszentmihalyi (1985, 74ff).

charakterisiert über den Moment einer Bezogenheit, die sich aber nicht auf das Gesagte fixiert, sondern immer noch genügend „Freiräume" übrig läßt, damit der Analytiker seinen eigenen Gedanken, Einfällen und Empfindungen nachgehen kann. Sie bildet ein Zugleich von Bezogensein und Offenheit. Ähnlich ist es um die Art der Aufmerksamkeit beschaffen, die Csikszentmihalyi in den diversen Analysen von Tätigkeitsformen beschreibt. Immer herrscht darin eine deutliche Bezogenheit auf die Tätigkeit selbst, gleichzeitig ist sie nicht einengend-fixierend, denn damit wäre jeglicher Zugang zu einem besonderen Erleben versperrt. So ist es auch verstehbar, wenn einerseits der motorische Akt weiterläuft, gleichzeitig aber Raum für besondere Erlebnisse und Tagträumereien zur Verfügung gestellt wird.

Folgt man der Logik dieser Interpretation der Aufmerksamkeitszentrierung und dem letzten Teil der randständigen Bemerkung Csikszentmihalyis (1985), in der es heißt, daß auf „Rückmeldungen mit einer Konzentration einzugehen [sei], die alles andere als irrelevant ausschließt" (ebd., 80; Einfg. Verf.), noch ein kleines Stück weiter, dann zeigt sich, daß die Leistung der sog. Konzentration nicht nur darin besteht, sich der gerade zu vollziehenden Tätigkeit zuzuwenden, sondern ebenso stark darin zu sehen ist, „das andere", also die unendliche Vielzahl aller anderen, potentiell Wirklichkeit werden wollenden motorischen wie geistigen Tätigkeiten für eine kurze Zeit zurückzudrängen. Die Hauptarbeit - so könnte man etwas überspitzt sagen - liegt im temporären Ausschluß anderer möglicher Verwandlungsansätze. Indem der Ausschluß gelingt, kann eine ab- und begrenzte Welt, eine Art *Zwischenwelt*, entstehen und vor allem in ihrer Klarheit erhalten bleiben.

Im Tiefschneebeispiel wurde diese Zwischenwelt als ein künstliches Total bezeichnet. Daß es sich dabei um ein Total handelt, obwohl es lediglich einen Ausschnitt aus dem Gesamten der Realität darstellt, zeigt etwa folgendes Zitat aus einer jüngeren Veröffentlichung Csikszentmihalyis (1995): „'Das Spielfeld - das ist alles, worauf es ankommt', sagt ein junger Basketballspieler. 'Manchmal denke ich auf dem Spielfeld an ein Problem, z.B. an einen Streit mit meiner Freundin, und habe dann das Gefühl, im Vergleich zum Spiel sei das einfach nichts. Man kann den ganzen Tag einem Problem nachhängen, aber sobald du im Spiel bist, zum Teufel mit dem Problem'" (ebd., 47).

In diesem kurzen Textbeispiel wird nicht nur der Charakter des Totals der Spielsituation deutlich, sondern es deutet sich im Ausdruck „zum Teufel mit dem Problem" auch an, daß dieses Total als ein vom Aktiven selbst hergestelltes Produkt angesehen werden muß.

Als zweiter Hinweis auf die Produktion wird von Csikszentmihalyi der Versuch benannt, über das zuvor Begrenzte (die Zwischenwelt) Kontrolle zu erlangen. Auch dieser Zug konnte im Beispiel der Tiefschneefahrt aufgefunden werden, dort als Versuch benannt, über den zum Total erhobenen Ausschnitt aus dem Gesamt der Realität *verfügen* zu wollen. Es geht hierbei also um das *Problem der Verfügbarkeit über einen zuvor zu einem Total erhobenen Realitätsausschnitt*.[53] Bei genauerer Betrachtung dieses Sachverhalts zeigt sich, daß es dabei um zweierlei Formen des Verfügens geht: zum einen - wie bereits exploriert - um die Form des Verfügens über ein Total, das zuvor durch eine Begrenzung zu einem solchen erhoben (konstruiert) wurde. Zum anderen geht es aber auch um eine Form des Verfügbarmachens des Totals, das in seiner Ganzcharakteristik niemals verfügbar ist. Hier soll also das potentiell immer Unganze durch das Kunststück der Begrenzung doch als Ganzes erfahrbar werden. Psychologisch gesehen geht es also um ein Verfügbarmachen des eigentlich unzugänglichen Totals.

Aber wozu dieser recht beachtliche seelische Aufwand? Was ist damit gewonnen? Der Gewinn liegt in dem, was Csikszentmihalyi als drittes Merkmal des *flow*-Erlebens beschreibt, in der sog. Selbstvergessenheit. Mit den hier verwandten Termini könnte man darin den seelischen Mehrgewinn in der Installation der Verfassung des Unmittelbaren und der damit untrennbar verknüpften Re-Totalisierung des Psychischen sehen. Selbstvergessenheit meint die Verschmelzung mit der Welt, als deren Bedingung die Lockerung bzw. Auflösung der Subjekt-Objekt-Opposition beschrieben werden konnte. In der veränderten Ich-Welt-Beziehung kann sich nun eine ge-

---

[53] Zu ähnlichen Ergebnissen kommt Degen (1986; 1989) in einer Untersuchung zum Fahrradfahren. Seiner Analyse nach geht es beim Fahrradfahren wesentlich darum, sich eine durch Begrenzung verkleinerte Situation verfügbar zu machen. Damit wäre dann die Möglichkeit gegeben, für kurze Zeit den Eindruck zu haben, Entwicklung selbstbestimmt im Griff zu haben.

steigerte Wirklichkeitserfahrung Raum verschaffen (Glück, Harmonie, Fließen etc.). Im analysierten Beispiel des Tiefschneefahrens sind es vor allem die Erlebensweisen der vitalisierend-beglückenden Freiheit, des Schwebens und Fliegens, die sich durch die zuvor erfolgte Begrenzung (Blick) und Rahmung (Blick, Bewegungsprinzip) des Geschehens auf der Basis einer haltgebenden Bewegungsgestalt einspielen können.

Damit stellt sich am Ende dieser Ausführungen nochmals die metatheoretische Frage nach dem Warum dieser Retotalisierung des Psychischen, also die Frage nach der Funktion einer Verfassung des Unmittelbaren. Nun ließen sich zahlreiche Erklärungsversuche anführen, wie etwa anthropologische Entfremdungshypothesen (Marx, Israel), soziologische Zivilisationshypothesen (Elias) oder sozialkritische Gesellschaftshypothesen (Schulze). Die Psychologie wartet diesbezüglich mit Erklärungsansätzen auf, die traditionell auf das Individuum beschränkt bleiben. Für den Psychoanalytiker Balint (1960) etwa ist klar, „daß wir alle die Phantasievorstellung einer urtümlichen Harmonie in uns tragen, auf die wir eigentlich einen Anspruch hätten, die aber durch unsere eigene Schuld, oder durch Machenschaften der anderen oder durch grausames Geschick zerstört wurde" (ebd., 54). Der Wiedererlangung jenes frühen Zustandes völliger Harmonie zwischen dem Individuum und der Welt (primäre Liebe) erscheint ihm „als das letzte Ziel allen menschlichen Strebens" (ebd.).

Die im Zustand der „primären Liebe" angedeutete Verfassung ‚Jenseits-von-Subjekt-und-Objekt' findet sich auch wieder in den Beschreibungen des Phänomenologen Straus (1956) zur primären Form der Welterfahrung in der Einheit von Empfinden und Sich-Bewegen. Für ihn ist jene Seinsweise als eine Form des *Ungebrochenseins* zu verstehen, die sich aus dem unmittelbaren Weltbezug ergibt. Erst im Wahrnehmen und noch viel stärker im Erkennen entsteht für ihn ein leidvoller Bruch im unmittelbaren Weltverhältnis, denn darin wird „die Unmittelbarkeit des sinnlichen Empfindens preisgegeben" (ebd., 348). Als Gebrochene und Unganze bestünde die Sehnsucht nach dem Ungebrochenen und Ganzen, wie es idealtypisch in der Verfassung des Unmittelbaren erlebbar wird.

Der Harmonie-Überlegung Balints entgegen stehen jene von Heubach (1996), der, in Anlehnung an Lacan, Spitz und Melanie Klein, von einer „ursprünglichen Ambivalenz" (ebd., 159) ausgeht, die die psychische Situation des Kleinkindes bestimmt. In genauerer Bestimmung dieses Komplexes, in dem Subjekt und Objekt noch ungeschieden als eins vorhanden sind, zeigt sich sein für das Kleinkind traumatischer Gehalt in Form einer „affektiven Torsion" (ebd. 160). Um dieser zu entkommen, wird über die Spaltung eine Trennung zwischen Subjekt und Objekt durchgeführt.

Die damit vollzogene Vereindeutigung einer zuvor nur schwer erträglichen, weil ambivalenten psychischen Situation, macht Heubach an einer Analyse eines von Freud beschriebenen Kinderspiels mit einer Spule und einem Bindfaden fest (vgl. ebd., 155ff). Für unseren Zusammenhang bedeutsam ist der Sachverhalt, daß in diesem Kinderspiel ein immer-gleiches, machinales Wiederholen einer Tätigkeit vom Kind zur Lösung eines aktuellen Ambivalenzkonfliktes eingesetzt wird. Ergänzt man diesen Grundgedanken mit den strukturellen Überlegungen, wie sie etwa im Rahmen der allgemeinen wie spezifischen Analyse des Schi- und Tiefschneefahrens angestellt wurden, dann ließe sich hier hypothetisch festhalten, daß eine wesentliche Funktion der Verfassung des Unmittelbaren darin zu sehen wäre, *die Unerträglichkeit ambivalenter Figurationen* (ambivalenter Gefühlslagen, Kognitionskonstellationen etc.) *kurzzeitig aufzuheben*. Dies würde u.a. das Phänomen erklären, warum man sich nach dem Vollzug einer sportlichen Tätigkeit - trotz körperlicher Erschöpfung - psychisch frisch und klar fühlen kann, oder warum immer wieder davon berichtet wird, daß einem beim Dahinjoggen Lösungen für aktuelle Problemlagen einfallen, über die man bereits längere Zeit erfolglos gebrütet hat.

5.4 Leistungssport - das Unmittelbare in einer Wirkungseinheit

5.4.1 Begründung der Auswahl des Themas

Mit der Untersuchung zur Tiefschneefahrt und einer genaueren Bestimmung der sich darin installierenden Verfassung des Unmittelbaren wäre diese Arbeit bereits abzuschließen gewesen. Da am Beginn aber die Frage nach der Wirkung des Sports gestellt wurde, sollte die Arbeit nicht beendet werden, bevor nicht auch andere Gegenstandsbildungen des Sports in den Blick genommen und auf ähnliche Verhältnisse hin untersucht wurden. Von Interesse war dabei die Frage, ob sich eine mit der Verfassung des Unmittelbaren vergleichbare psychologische Organisationsform auch in größeren Einheiten (Wirkungseinheiten), die über längere Zeit psychologische Realität besitzen, aufspüren läßt und damit als weiterer Beleg der zugrundeliegenden These über die Wirkung des Sports fungieren kann.

Um möglicherweise auf die Wirkung des Sports schließen zu können, sollte die Auswahl eine phänomenale Einheit berücksichtigen, die für individuelle wie gesellschaftliche Belange augenscheinlich gleichermaßen attraktiv erscheint. Zudem sollte die auszuwählende Wirkungseinheit eine sein, die sich über einen eindeutigen, und zwar aktiven Sportkontext definiert.

All diese Voraussetzungen fanden sich berücksichtigt in einer Gegenstandsbildung, die hier mit dem Begriff „Leistungssport" logifiziert wurde. Ins Zentrum der Untersuchung sollte dasjenige gerückt werden, was Leistungssportler unterschiedlicher Disziplinen verbindet, nämlich ihr Tun. Untersucht sollte also werden, wenn man so will, das komplette Bild (Einstellungen, Meinungen, Gefühle, Erlebensweisen etc.) vom Leistungssport aus der Sichtweise der Aktiven selbst.

Die Auswertung legte bewußt einen Schwerpunkt auf die Berücksichtigung all jener Aussagen, die sich auf Gemeinsamkeiten des Leistungssports bezogen. Erzählungen zu sportartspezifischen Thematiken wurden entweder nicht berücksichtigt oder auf ihre strukturelle Nähe zu vergleichbaren Aussagen anderer Sportarten geprüft und in dieser strukturell-verallgemeinernden Art in die Ergebnisdarstellung einbezogen.

Die hier skizzierte Perspektive zum Gegenstand einer Untersuchung zu machen, erschien besonders reizvoll, da gerade im Leistungssport Aufwand und Entschädigung (Belohnung) in einem krassen Mißverhältnis liegen.[54] Damit in den Tiefeninterviews das Motiv Entlohnung (Geld) nicht übergebührlich beansprucht werden konnte, wurde bei der Auswahl der Probanden darauf geachtet, daß besonders Vertreter jener Sportarten zum Zuge kamen, bei denen der Anreiz für die tägliche Mühe und Plage kaum in angemessener Entlohnung zu sehen ist. Für einige der Versuchspersonen stellte der meist unter extrem hohem Zeitaufwand betriebene Leistungssport eher eine finanzielle Belastung dar, die zum Teil auch vor den Ressourcen des näheren Umfeldes nicht Halt machten.

Die Basis der folgenden Untersuchung zur Wirkungseinheit Leistungssport bilden zwölf psychologische Tiefeninterviews, die mit Sportlern geführt wurden, die Sport unter der Leistungsprämisse betreiben oder betrieben haben.[55] Als Kriterium wurde ein Trainingsausmaß von mindestens 14 Stunden pro Woche und die regelmäßige Teilnahme an nationalen bzw. internationalen Wettkämpfen zugrunde gelegt. Methodisches Vorgehen und theoretische Perspektive orientierten sich wiederum an den bereits dargestellten Ansätzen.

5.4.2 Verhaltens- und Erlebensbeschreibung

Sport unter einer klaren Leistungsprämisse zu betreiben, wird als eine lebens- und alltagserfüllende Tätigkeit beschrieben. „Mein Sport füllt mich aus", er „ist mein ganzes Leben". Das ernsthaft betriebene leistungssportliche Tun nimmt im Leben des Athleten eine zentrale Position ein, anders ließe sich nicht zum Erfolg kommen. Daß

---

[54] Als Beispiel möge ein Vergleich des Aufwandes und der ökonomischen Belohnung zwischen einem Tennis- und Badmintonspieler der internationalen Spitze dienen. Bei nahezu gleichem Trainingsaufwand erhält der Badmintonspieler für einen Sieg bei einem internationalen Wettkampf nur einen geringen Teil der Entlohnung eines Tennisspielers.

[55] Zur genauen Aufstellung der Versuchspersonen sei auf die Auflistung im Anhang verwiesen.

man Leistungssport betreibt, erkennt man als Leistungssportler daran, „wenn man sein Leben um den Sport drumrum aufbaut." Ohne den täglichen Aufwand des Trainings, das Spüren des Körpers, würde einem etwas Wichtiges fehlen. Keiner der untersuchten aktiven Probanden kann sich ein Leben ohne seinen Leistungssport zur Zeit gut vorstellen.

In dieser durch das leistungssportliche Tun zur „Hauptsache des Lebens" hochstilisierten „eigenen Welt des Leistungssports", in der man mit vielen anderen Athleten eine Art Gemeinschaft oder „große Familie" bildet, läßt sich gut und einfach leben. Kraftvolles, Gespanntes und Dynamisches werden als Grundqualitäten benannt. Die Geregeltheit des Alltags, die genaue Zeitstruktur von Trainingseinheiten wie auch der Wettkampfplan schaffen ein engmaschiges Netz, eine übersichtliche Rasterung des Alltags, der dadurch bereits auf Wochen vorausgeplant ein „festes Schema" vorgibt, an dem man sich orientieren und (an)halten kann. Von einem gewöhnlichen Alltag läßt sich durch dieses Eingebundensein in größere Planungen daher nicht sprechen. Er wird vielmehr als ein besonderer Alltag verstanden, der sich durch die strikte Planung auf ein Ziel, die Leistungssteigerung, ausrichtet.

Um ein großes Ziel, etwa eine gute Plazierung in einem Wettkampf, zu erreichen, werden kleinschrittige Ziele gesetzt, die es im Trainingsalltag zu erreichen gilt. Damit strukturiert sich der Alltag noch stärker, man weiß genau, was man täglich zu tun hat, woran zu arbeiten ist, um die „hochgesteckten Ziele" Schritt für Schritt zu erreichen. Der aktuelle Zustand und das hochgesteckte Ziel werden als die ausschlaggebenden Pole bezeichnet, in die man sich als Athlet eingespannt empfindet. Das gesamte Trainingsgeschehen erhält damit den Charakter einer zielgerichteten Vorwärtsbewegung, die nun das gesamte Leben durchzieht bzw. formt. Auch die Interviewsituation erfährt diese Formung, indem von Anfang an klargestellt wird, daß man einen vollen Terminkalender und daher nur wenig Zeit habe, sich lange an einzelnen Fragen aufzuhalten. Knappe Fragen und knappe Antworten wären einem am liebsten.

Zum wesentlichen Bezugspunkt im Alltag des Leistungssportlers wird der Eindruck, den man von der eigenen körperlichen Fitness bzw. dem Körper hat. Da „mein Körper mein Kapital ist", wird der „Sensibilität" und dem „Gespür für den eigenen Körper" eine zentrale Rolle als Bezugsgröße eingeräumt. Körperliche Unstimmigkeiten wie Verletzungen, kleines Ziehen hier und Zwicken da, werden mit größter Sorgfalt beobachtet und, wenn irgend möglich, mit Pflege bedacht. Eine häufig geäußerte Horrorvorstellung, bezogen auf das Leibliche, wäre der „erschlaffte Körper", unfähig, irgendein Pensum an Leistung zu erbringen.

Beim täglichen Schinden und Quälen des eigenen Körpers kommt einem schon mal der Gedanke nach dem Sinn des Ganzen. Vor allem, „wenn man wie ein Bekloppter monatelang an einer Bewegung arbeitet und sie im Wettkampf dann doch nicht klappt". Solche Erfahrungen können zum Sturz in eine leistungssportliche Sinnkrise führen. In der Regel erlebt man aber solche Gefühle und Gedanken als unangenehm und drängt sie daher weit von sich weg, indem man sich etwa die Vorzüge des Leistungssports vor Augen führt, wie sie sich in Auslandsreisen und der Teilnahme an Wettkämpfen zeigen. Sich mit Niederlagen auseinanderzusetzen, wird auch so gut wie vermieden, denn Niederlagen führen zu persönlichen Zweifeln am Glauben, weiterhin Außergewöhnliches leisten zu können.

Besonders die Teilnahme an Wettkämpfen entlohnt einen für die Müh und Plag. Erfolgreich absolvierte Wettkämpfe belohnen meist mit einem „königlichen Gefühl". Aber bereits das Einlaufen ins Stadion, die jubelnde Masse von Menschen am Wegesrand eines Rennens, der tosende Applaus beim Erbringen einer Leistung ist oft Belohnung genug. Es trägt einen wie auf magischen Händen bis ins Ziel hinein. Man spürt keine Anstrengung, ist nur noch in und mit dem Applaus und Jubel der Menge. In Momenten des Triumphs ist die ganze Mühsal vergessen, man ist einfach glücklich und zufrieden mit sich selbst und der Welt. Rückblickend wird die Zeit des Leistungssports daher auch gerne als „glückliche" und „wunderbarste des Lebens" beschrieben, als eine Zeit „unbeschwerten Seins", als „ein Schonraum", in dem man sich mit vielen „ätzenden Alltagsproblemen" noch nicht konfrontiert sah.

5.4.3 Analyse

Der Blick auf die Gemeinsamkeiten zwischen den einzelnen untersuchten Fällen, dargestellt in der vereinheitlichenden Verhaltens- und Erlebensbeschreibung, zeigt, daß die Wirkungseinheit Leistungssport strukturell bestimmt ist von einem Zug, der bereits als *Begrenzung* gekennzeichnet wurde. Dies zeigt sich etwa in den sehr ausführlichen Schilderungen der Probanden zur Gestaltung des Tagesablaufs, in denen das Begrenzende deutlich zu Tage tritt, wenn etwa von einer strikten, auf deftiges Essen und Alkohol verzichtenden Lebensweise berichtet wird, wo der Tagesablauf einem strengen, engmaschigen Plan folgt. Während andere als Jugendliche etwa Diskotheken besuchten, lebte man selbst ein spartanisches Leben, in dem immer auf genügend Schlaf geachtet wurde. Die Begrenzung wird so weit getrieben, daß ein bestimmter Sport zum zentralen Lebensinhalt wird, sich alles andere dem unterzuordnen hat.

Von einer das Alltagsleben *vereindeutigenden* Begrenzung berichtet auch Lenk (1972) in einer Beschreibung seiner leistungssportaktiven Zeit als Ruderer und der vierjährigen Vorbereitungszeit auf die Olympischen Spiele:

> Fast vier Jahre hatte man sich diesem Ziel verschrieben. Das Studium wurde recht und schlecht mitbetrieben. Es gab kaum Zeit für etwas anderes außer täglichem Training, Regattareisen, Wochenendtraining. Alle Gedanken und Diskussionen kreisten immer nur um Rennzeiten, Einstellzeiten,

Formschwankungen, Trainingspensum, Bootstrimmung, Hebelverhältnisse, Windrichtung am Renntag, Ernährung vor dem Rennen, Taktik und Strategie. Krafttraining und Lauftraining selbst im Winter. Die Skitouren gar standen unter dem Ziel, 'Kondition' zu gewinnen: Lastenträger hätten kaum schwerere Rucksäcke auf Alpenhöhen hochgeschleppt. - Für vier Jahre war das Rudern fast 'die wichtigste Angelegenheit auf der Welt', mußte es sein. Nur so ließen sich Höchstleistungen vorbereiten und erreichen (Lenk, 1972, 172).

Wie dieses Zitat von Lenk in Übereinstimmung mit den Ergebnissen der Explorationen zeigt, fordert der Leistungssport die Begrenzung als Bedingung ein, will er überhaupt die Chance auf eine zeitlich überdauernde Existenz im Leben eines Individuums gewinnen. Ohne extremes Begrenzen und Vereindeutigen keine Chance auf Erfolg. Wie wenig der Leistungssport das Unbegrenzte verträgt, zeigt sich an zahlreichen Beispielen, in denen Spitzenathleten den Kurs der Begrenzung zeitweilig verließen. So etwa, wenn sie auf die Möglichkeiten des gut verdienten Geldes zurückgreifen und den neu erworbenen Luxus einmal ungehemmt ausleben, oder wenn Athleten eine Liebesbeziehung eingehen, die die Formstrenge des Leistungssports nicht unterstützt. Meist rächt sich das Aufbrechen der Begrenzung, das Verlassen der einengenden Zentrierung, der Absage gegen andere Verwandlungsmöglichkeiten mit einem Leistungsrückgang.

Die begrenzende Entschiedenheit des Leistungssports verzeiht keine Nebengestalten. Aus einer Tätigkeit wird eine Hauptsache des Lebens. Die interviewten Athleten, die aufgrund der marginalen finanziellen Möglichkeiten ihrer Sportart einer Arbeitstätigkeit nachzugehen hatten, berichteten immer wieder davon, daß die Arbeit die eigentliche Nebensache wäre, der Leistungssport, in den jede freie Minute investiert werde, aber die Hauptsache, worunter Kollegen und Familie - zugegebenermaßen - auch zu leiden hätten.

Indem sich die Athleten auf eine sportartspezifische Disziplin eingrenzen und den Alltag durch weitreichende Trainings- und Wettkampfplanungen in übersehbare (Mini-)Einheiten teilen, wird die *Figuration der Alltagswirklichkeit* auf bedeutungsvolle Weise umgestaltet.[56] Die Regelmäßigkeit von Trainingseinheiten und der bis in die kleinsten Teile des Gesamtgeschehens hineinreichende *Wiederholungscharakter* helfen dabei, den Alltag in Art einer geometrischen Figur, in geraden, rechtwinkeligen Formen, ohne krumme Ecken und Verwirbelungen anzuordnen. Die zu gestaltende Alltagswirklichkeit wird also in überschaubare Größen eingeteilt, die wiederum besser in den Griff genommen werden können.

Das In-den-Griff-Nehmen bzw. Verfügen-Können über ein zuvor Begrenztes (Rahmung) wurde ja schon im Beispiel des Tiefschneefahrens zum entscheidenden Drehpunkt für die Entfaltung von Sonderformen des Erlebens. Mit dem Überschaubarmachen des Alltags durch das Einteilen in kleine Einheiten wird das potentiell nach allen Seiten ausufernde Alltagsgeschehen gerahmt, womit es wiederum leichter wird, über das zuvor Gerahmte verfügen zu können. Im Leistungssport wäre wiederum, nur diesmal unter einer zeitlich größer angelegten Perspektive, der Versuch zu erkennen, die zu konstruierende Wirklichkeit nach den „Bauplänen" einer geradlinigen geometrischen Figur so zu organisieren, daß über die gebildeten Einheiten ein größtmögliches Verfügen bereitgestellt wird. Der Leistungssport stellt sich also wiederum dar als eine spezifische Form des Verfügbarmachens der Wirklichkeit.

Am deutlichsten ist diese Absicht des Verfügbarmachens und In-den-Griff-Nehmens an den mitunter mühsamen und langwierigen Versuchen zu erkennen, einen Bewegungsablauf in idealer Weise zu beherrschen. Dazu dienen wiederum minutiöse Techniktrainings, krafttraubende Konditionseinheiten und eine Total-Ausrichtung auf ein bestimmtes Ziel. Mißlingt des öfteren der Versuch, über ein zuvor gerahmtes Geschehen verfügen zu können, stellen sich schwere Krisen beim Aktiven ein. Eine wichtige Bedingung des Gesamtgefüges Leistungssport ist nicht erfüllt. Dann stellt sich die Frage nach dem Wozu.

Wie läßt sich nun das spezifisch leistungssportliche Erleben genauer beschreiben? Hier treffen wir wiederum auf die Dimension des Sinnlich-Leiblichen, die sich mit

---

[56] Vgl. zum Begriff Figuration Elias (1989, LXVIIff).

jedem Trainingstag, jeder Trainingseinheit Raum verschaffen kann, und zwar deutlicher und extremer, als dies für Hobbysportler oder andere Bereiche der Fall ist. Wie bereits ausgeführt wurde, stellt die favorisierte Sportart beinahe „das ganze Leben" des Leistungssportlers dar und muß es tun, wenn er erfolgreich sein will. Er muß also eine Art von *Besessenheit* für seine Sache entwickeln. Der Ausschließlichkeitscharakter der Besessenheit ist es ja auch, der das Zusehen am Erbringen von Höchstleistungen so spannend macht.

Indem also Leistungssport zum Lebensinhalt gemacht wird, bedeutet dies, daß Sinnlich-Leibliches und damit Unmittelbares zum bestimmenden Prinzip des eigenen Tuns wird. Das über das Sinnlich-Leibliche herstellbare Unmittelbare soll zu einer kompletten, zeitlich überdauernden Verfassung ausgebaut werden, in der dann die Wirklichkeit erfahren wird. Dies wird in einigen Aussagen unmittelbar deutlich. So, wenn z.B. davon berichtet wird, jeden Tag das Leibliche („meine Beine", „den Atem", „die angenehme Schlappheit in den Armen nach dem Training" usf.) spüren zu wollen oder zu müssen. Ohne dieses tägliche Eintauchen in die Welt des Sinnlich-Leiblichen fehle einem etwas ganz Fundamentales für das Leben. Für manche wird es besonders unerträglich, wenn das Training mal längere Zeit ausfällt oder wegen einer Verletzungspause ausfallen muß. Die rhythmisch wiederkehrenden Trainingseinheiten mit ihrem sinnlich-leiblichen Gehalt bilden die Stützpunkte, mit deren Hilfe die Verfassung des Unmittelbaren über längere Zeit als wirksamer Lebensraum aufrecht erhalten wird.

Das besondere Faszinosum des Leistungssport besteht also darin, daß mit ihm ein Leben in einer zeitlich überdauernden Verfassung des Unmittelbaren möglich wird. In der Tiefschneefahrt konnte nachgezeichnet werden, wie sich jene Verfassung für Momente einstellen kann. Im Schiurlaub deutete sie sich bereits in einem zeitlich größeren Rahmen an. Im leistungssportlichen Tun ist diese Verfassung zu einer Art *Lebensform auf Zeit* geworden, von der in späteren Jahren oft schwärmerisch als der „unbeschwertesten Zeit" des eigenen Lebens berichtet wird. Gelingt es, eine Verfassung eines ‚Jenseits-von-Subjekt-und-Objekt' zu installieren, dann wird diese Beschreibung verständlich, sind darin ja alle Distanzierungsformen von Ich und Welt - wie etwa das Denken - ausgeräumt.

An dieser Stelle sei eine Bemerkung über die sportpsychologische Praxis erlaubt, die vielleicht ein wenig mehr die Scheu der Leistungssportler vor den (Sport-)Psychologen erklären mag. Zumindest fällt im Verhältnis zu den meisten anderen Anwendungsbereichen der Psychologie (z.B. Klinische Psychologie, Arbeits- und Organisationspsychologie, Wirtschaftspsychologie, Forensische Psychologie, Markt- und Medienpsychologie) auf, daß die Sportpsychologie als konkret angewandtes Wissenssystem in der Praxis ein eher marginales Dasein fristet, obwohl die Ausdehnung des Leistungs-, Schul- und Freizeitsports ausreichend Nachfragepotential bieten müßte.[57]

Folgt man dem hier entwickelten Gedanken, dann könnte man etwas überspitzt feststellen, daß Sport und Psychologie einfach nicht zueinander passen. Und zwar deshalb nicht, weil der psychologische Gehalt, der der Psychologie von ihrem Wesenskern her automatisch konnotativ unterstellt wird, als ein das Unmittelbare (zer)störender zu beschreiben ist. Mit Psychologie wird landläufig immer auch ein Hinter- und Nachfragen, ein Genau-Hinsehen und Genau-Hinhören verbunden. Führt man sich nochmals die gewaltigen Anstrengungen vor Augen, die ein Leistungssportler erbringen muß, um eine leistungsdienliche Verfassung (des Unmittelbaren) herstellen zu können, so wird schnell klar, daß er, solange es irgendwie läuft, kein Interesse daran entwickelt, sich diesen Aufbau durch die genannten Distanzierungsformen (zer)stören zu lassen.

Daß sich eine Verfassung des Unmittelbaren auch über eine größere Einheit hinweg zu entwickeln und zu erhalten sucht, sollte hier am Beispiel des Leistungssports skizziert werden. Gestützt wird diese Überlegung etwa durch Erlebensbeschreibungen von Leistungssportlern, wie sie etwa von Lenk (1972) vorlegt wurde oder am Ende

---

[57] Vgl. zu dieser Problematik die Ausführungen von Allmer (1999, 50ff), der, abgesehen von der bislang noch vorhandenen Etablierung im wissenschaftlichen Hochschulbereich, über den aktuellen Stand der Sportpsychologie als eine in der Praxis tatsächlich angewandte Wissenschaft ein teilweise erschreckend pessimistisches Bild entwirft.

dieser Arbeit zu finden ist, aber auch durch eine Untersuchung zum Sportstudieren, in der ebenso wie im Leistungssport über einen längeren Zeitraum eine Verfassung des Unmittelbaren eingerichtet werden soll (vgl. Marlovits, 1999).

Wie sehr das Unmittelbare nach seinem Wirksamwerden sucht, wurde auch im Verhalten der Versuchspersonen im Tiefeninterview deutlich, das darauf angelegt war, jegliche Formen des Distanziert- und Differenziertbleibens durch Unmittelbareres einzutauschen. So etwa darin, daß am Beginn des Interviews in fast allen Fällen von Seiten des Probanden das Angebots des formlosen Duzens gemacht wurde, wie auch in den sehr direkten, geradlinigen und knappen Antworten der Athleten. Auch das zweistündige Sitzen war für einige schwer auszuhalten und wurde besonders in seelisch belastenden Situationen des Interviews als sehr unangenehm erlebt. Oft reagierten die Probanden dann mit Motorischem, etwa dem Wippen der Beine. All diese Aktionen können in diesem Zusammenhang als Versuche verstanden werden, sich die Verfassung des Unmittelbaren, in der täglich gelebt wird, nicht gefährden zu lassen bzw. durch die Aktivierung von Motorischem etwas für deren Aufrechterhaltung zu tun.

5.5 Formel-1 - das Unmittelbare in der Zuschauer-Verfassung

5.5.1 Begründung der Auswahl des Themas

Die Untersuchung zur Tiefschneefahrt ermittelte das Unmittelbare in Form einer kurzzeitigen Verfaßtheit am Vollzug einer konkreten sportartspezifischen Tätigkeit. Ebenso an der „sportaktiven" Position fand die Untersuchung zum Leistungssport ihren Ausgangspunkt, diesmal allerdings verstanden als zeitlich überdauernde Einheit, die sich modellhaft nach dem Prinzip des Unmittelbaren zu organisieren trachtet. Da am Beginn der Arbeit die Frage nach der Wirkung des Sports stand, muß sich eine wissenschaftliche Erforschung des Phänomenbereichs Sport natürlich auch mit der Tatsache auseinandersetzen, daß Sport nicht nur gerne aktiv selbst getrieben, sondern daß vor allem auch Sportereignissen zugesehen wird. In der Regel übersteigt die Anzahl der Zuseher diejenige der Aktiven um ein Vielfaches.

Vor dem Hintergrund der in dieser Arbeit interessierenden Fragestellung nach Erscheinungsweisen des Unmittelbaren als die Wirkung des Sports mitkonstituierenden Verfaßtheiten sollte wiederum eine Sportart berücksichtigt werden, die in den letzten Jahren eine kontinuierliche Vergrößerung ihrer Wirkung - gemessen an den Zuschauerzahlen - erzeugen konnte. Neben dem Fußball, der bereits seit Jahrzehnten eine relativ konstante Breitenwirksamkeit erzielt, sind es in den letzten Jahren vor allem das professionelle Radfahren und noch stärker die Formel-1, die in großem Stil das gesellschaftliche Interesse auf sich ziehen konnten.[58]

Hier sollen nun auszugsweise die Ergebnisse einer Studie vorgestellt werden, die sich die Analyse der Wirkung des Formel-1-Geschehens zur Aufgabe gesetzt hat.[59]

---

[58] Laut UFA (1998) nahmen in der Saison 1998 im Schnitt 11,83 Millionen Menschen an der Fernsehübertragung der jeweiligen Formel-1-Rennen teil.
[59] Die Studie wurde unter der Mitarbeit von Katrin Mai bei *rheingold*, Institut für qualitative Markt- und Medienanalysen, erstellt (vgl. Marlovits & Mai, 1999).

Die Ausgangsüberlegung dieser Studie bildete die Feststellung, daß es ein Geschehen, bei dem knapp zwei Dutzend Autos so schnell wie möglich im Kreis fahren, schafft, Millionen von Menschen zu begeistern. Im Rahmen des vorliegenden Untersuchungszusammenhangs interessiert nun vor allem, inwieweit sich im umfangreichen Datenmaterial dieser Studie Belege auffinden lassen, die im Zusehen eines Formel-1-Rennens auf eine Verfassung des Unmittelbaren verweisen. Der Untersuchung liegen insgesamt zwölf Tiefeninterviews zugrunde, die mit Formel-1-Fans geführt wurden, die regelmäßig vor Ort und/oder durch Fernsehübertragungen am Formel-1-Geschehen teilnehmen.[60] Die Interviews wurden gemäß dem aufgezeigten methodischen Vorgehen ausgewertet und werden hier in Form einer stark verdichteten Verhaltens- und Erlebensbeschreibung und komprimiert bezüglich der interessierenden Fragestellungen dargestellt.

5.5.2 Verhaltens- und Erlebensbeschreibung

Als zentrales Faszinosum an der Formel-1 beschreiben die untersuchten Fans zwei Pole: Zum einen fasziniert das hohe Maß an Perfektion, der Glanz der Boliden, das feine Getriebe der Technik, die kühlen Strategien und das berechnende Taktieren der Fahrer und Teams. In diesem Sinne wird die Formel-1 als eine Art Hochkultur betrachtet, in der, gleich einer Maschine, alles „perfekt" und „wie am Schnürchen" funktioniert. In der Hochkultur der Formel-1 herrschen die Gesetze des kultivierten, des zurückgehaltenen, des wohldosierten Maßes.

Andererseits fasziniert aber auch der Gegenpol, das Heißspornige der Fahrer, das brutale Drauflos und Vollgasgeben, das Fahren unter vollem Risiko, das „Spiel mit Leben und Tod." Auf der Strecke gehe es zu wie im „Wilden Westen" oder „wie in der Natur, wo Jagen und Gejagt-Werden angesagt ist". Als Verlockung wird dabei das Unkultivierte und unbegrenzt Potenzierte erlebt. In der Formel-1 als Unkultur herrschen die Gesetze des Archaischen. Jeder Kontakt mit der Welt der Formel-1 konfrontiert mit diesen beiden Seiten, der Hochkultur und der Unkultur.

Ein Rennwochenende, an dem man medial vor dem Fernsehgerät oder aber live vor Ort teilnimmt, erlebt man wie eine gewaltige Steigerung. Schon Tage vor dem Rennen beginnt sich eine „innere Unruhe", eine Art „Nervosität" bemerkbar zu machen. In Erwartung einer großen Sache fühlt man sich angespannt. Mit jedem Bericht über das Formel-1-Treiben, vor allem, wenn es sich um den Fahrer handelt, für den man als

---

[60] Genauere Angaben zu den Versuchspersonen finden sich im Anhang dieser Arbeit.

Fan Partei ergreift, oder mit dem direkten Kontakt zur Szene vor Ort steigert sich diese Spannung, die kurz vor dem Rennen als am größten und auch als am unerträglichsten beschrieben wird. Der Start wird dann wie eine „Befreiung", ein „Loslassen", ein „Orgasmus" erlebt. „Endlich dürfen die angestauten Kräfte losgelassen werden".

Das Rennen selbst wird anhand der inneren Parteinahme für ein bestimmtes Gespann von Fahrer und Auto quasi mitgefahren. Man fährt mit Hilfe des favorisierten Gespanns (s)ein eigenes Rennen mit, bremst, gibt Gas und überholt. In diesem Mitfahren bleibt man alleine. Gleich dem Fahrer, der „allein seine Runden fährt", dreht auch der Zuseher - allein - Runde für Runde. Im innerlichen Mitvollziehen des Immer-Gleichen von Runde zu Runde entwickelt sich allmählich eine Art lethargischer Gleichklang. Je länger das Rennen andauert, um so eher wird es im Mitfahren auch langweilig. Das Immer-Gleiche macht müde und verstärkt die sonntägliche Nachmittagslethargie, die lediglich durch Ausfälle oder Boxenstops gestört wird. „Während dem Rennen gibt es mal längere, mal kürzere Phasen, wo es langweilig wird." Manche berichten davon, daß sie während des Rennens vor dem Bildschirm auch schon mal dahindösen oder mitunter einschlafen.

Spätestens das Ende des Rennens reißt aus der Lethargie heraus. Es bleibt ein seltsames Gefühl der Leere zurück, womit man nichts Rechtes anzufangen weiß. Meist verspürt man jedoch nach dem Rennen einen Drang, aktiv zu werden, und geht diesem dann auch nach.

5.5.3 Analyse

Soweit eine kurze, prototypische Beschreibung des Erlebens während eines Formel-1-Rennens. Ganz im Gegensatz zur Erwartung, die Fans würden in schillernden Farben über ihr Erleben während eines Formel-1-Rennens berichten, gestalteten sich die Interviews äußerst schwierig. Immer wieder traten Phasen längeren Schweigens ein, was, da es beinahe in jedem Interview systematisch auftrat, genauer untersucht wurde. Die Analyse der Interviewsituation machte deutlich, daß jenes immer wiederkehrende Schweigen weniger als Form eines Widerstands zu betrachten sei, sondern daß den Probanden Worte zu fehlen schienen, das unmittelbare Erleben des Formel-1-Geschehens sprachlich adäquat zum Ausdruck bringen zu können.

Am treffendsten drückte es ein Proband aus, der meinte, daß man die Art des Erlebens am ehesten mit den Geräuschen der Formel-1, etwa einem „wwwrrruuummm-wwwrrruuummm" eines vorbeifahrenden Boliden wiedergeben könne. So auf eine

Fährte gesetzt, zeigte sich bald, daß sich in den Interviews etwas vom Geschehen der Formel-1-Teilnahme reinszenierte. Sobald man im Interview mit dem Thema Formel-1 konfrontiert wurde, tauchten die Probanden in eine eigene Welt ein (und ab), die sich durch ein hohes Maß sinnlicher und vorsprachlicher Qualitäten charakterisieren läßt. Um es metaphorisch auszudrücken, entwickelt sich für die Rennzuschauer seelisch so etwas wie ein mundoffenes, fassungsloses Staunen über so viel Glanz, Kraft, Technik, Perfektion, aber auch Archaik und Todesnähe, alles gebündelt auf einem Haufen.

Die Formel-1 stellt eine vorsprachliche, hoch ästhetisierte (im Sinne von sinnlicher) Welt zur Verfügung, in die man mühelos eintauchen kann, die sich aufgrund ihrer Typik sprachlich nur schwer fassen läßt. Wenn etwa vom „Sound der Motoren" oder vom „Parfum des Auspuffs" gesprochen wird, dann deutet dies hin auf ein intensives Involviertsein in diese Welt *sinnlicher Orchestrierung*. Indem man in diese Welt voller Sinnlichkeit unmittelbar eingetaucht ist, ist sie einem ganz nah. Aufgrund des (pathischen) Mitvollzugs am Rennen entwickelt sich diese Welt zu einer Art *Zwischenwelt*, in der man sich im Betrachten befindet. Sie stellt sich als eine Art Zwischen dar, das als Pole das distanzierte Betrachten auf der einen und das vollkommene Aufgehen im Geschehen auf der anderen Seite kennt.

Wenn sich der Zuschauer mit dem Geschehen der Formel-1 in diese Zwischenwelt begibt, teilweise mit dem Geschehen verschmilzt, dann deutet sich hier bereits ein weiterer Wesenszug an. Das Verschmelzen ist als eine Form der *Entdifferenzierung* zu verstehen. Daß es um ein solches die Subjekt-Objekt-Differenz auflösendes Geschehen geht, zeigt sich noch deutlicher in der genauen Rekonstruktion der Entwicklungsvorgänge beim pathischen Mitvollzug. So stellt sich in den Interviews als ein zentrales Moment für diesen Mitvollzug immer wieder das enge, quasi leibnahe Verwobensein von Fahrer und Bolide dar. Fahrer und Auto wirken als zu *einer* (eigenen) Gestalt verschmolzen. Nicht der Fahrer sei es, der hier seine Runden dreht, sondern diese aus Fahrer und Auto zu einem neuen Ganzen verschmolzen wirkende Gestalt (Wirkungsgestalt).

Nach außen hin sichtbar und gleichzeitig in ihm symbolisiert wird dieser Akt des Verschmelzens von Mensch (Organik) und Maschine (Mechanik) im Vorgang des Einsteigens des Fahrers in sein Auto. Das Cockpit ist millimetergenau an den Fahrer angepaßt und verlangt ihm eine Anpassung an die vorgegebene Form ab. In vielen kleinen, mühsamen Bewegungen rückt sich der Fahrer zurecht. Hier leistet der Mensch eine Annäherung an die Maschine, die der Zuseher mitempfindet. Bereits in ihrer Rennkleidung wirken die Fahrer der Natürlichkeit der menschlichen Gestalt entfremdet. Im umgekehrten Zug wird der Bolide vermenschlicht. Ein Überdrehen des Motors „muß dem Motor doch weh tun". Das aus diesem animismierten Verhältnis zum Auto resultierende Verhalten ist den befragten Versuchspersonen gut aus dem alltäglichen Umgang mit dem eigenen Automobil bekannt. Das Entdifferenzierende der Formel-1 wird aber auch an anderer Stelle sichtbar, etwa wenn von „Verbrüderungsfeiern" am Rande der Rennstrecke berichtet wird und sich wildfremde Menschen um den Hals fallen, oder von einem Wir-Gefühl, daß sich beim gemeinsamen Verfolgen des Rennens im Kreis der Familie einstellt.

Im Renngeschehen selbst fährt - wie bereits angesprochen - der einzelne in pathischer Nähe zur Wirkungsgestalt seines Favoritengespanns das Rennen mit. Dabei fällt auf, daß sich trotz extrem hoher Geschwindigkeiten und pathischen Mitvollzugs vor allem beim Fernsehen zu Hause ein Gefühl von Lethargie und sogar Leere einstellt. Da beide Erlebensweisen meist als unangenehm erlebt werden, stellt sich hier umso mehr die Frage, warum das Formel-1-Geschehen dennoch so viele Menschen zum Zusehen verleitet.

Wurde in der Beschreibung der Zwischenwelt als einer sprachlos-sinnlichen Welt, die das Formel-1-Geschehen zur Verfügung stellt, ein phänomenologischer Hinweis auf das Unmittelbare gegeben, so zeigt sich das Unmittelbare im Zusammenhang mit dem Thema der Lethargie und Leere von seiner strukturellen Beschaffenheit her. In der Kreisanlage eines Rennkurses erkennt man bereits den strukturellen Grundzug der *Begrenzung*. Deutlicher kann dieses Prinzip beinahe nicht realisiert sein. Dazu gilt verstärkend, daß die Autos lediglich in eine Richtung zu fahren haben. Keine Rückwärtsfahrt, aber auch kein Gegenverkehr sind gestattet. Das gesamte Geschehen ist darauf hin angelegt, eine größtmögliche Wirkung in eine Richtung zu erzielen. Eine Vielzahl von anderen Möglichkeiten wird mit dieser grundsätzlichen Anlage der Formel-1 bereits ausgeschaltet. Zugleich sind damit Bedingungen geschaffen, extreme Steigerungen in Gang zu setzen, sowohl real im Renngeschehen, wenn Tempo 300 keine Seltenheit ist, wie auch beim Zuschauer selbst.

Was passiert psychodynamisch beim Zuschauer, wenn er einer solchen Anordnung - hier entlang den Aussagen der Fans rekonstruiert, die das Formel-1-Geschehen primär am Fernsehschirm verfolgen - in der Partizipation (s)eines Gespanns folgt? Ähnlich wie bei der Tiefschneefahrt fährt der Zuschauer beim Formel-1-Rennen partizipierend mit. Diesmal muß er lediglich die „seelische Arbeit" des Mitvollzugs leisten. Indem dies getan wird, setzt man sich dem Immer-Gleichen der Wiederholung von Runde zu Runde aus. Was damit einsetzt, ist in dem Falle, wo man selbst Auto fährt, eine Art Automatisierung. Jeder, der eine längere Zeit über immer wieder die gleiche Strecke mit dem Auto zu fahren hatte, kennt diese Erfahrung. Umgangssprachlich wird dies dann meist mit der Redewendung „die Strecke fahre ich blind" auszudrücken versucht. Man könnte hier auch von der Ausbildung einer Gestalt oder eines Schemas sprechen.

Der Zuseher fährt aber „nur" seelisch mit. Im pathischen Mitvollzug des Immer-Gleichen von Runde zu Runde ergibt sich - wie beim aktiven Autofahren - eine Art *Rhythmisierung*. Über die andauernde Wiederholung setzt sich allmählich das *Bewegungsprinzip* des Im-Kreis-Fahrens durch. Da das Geschehen aber nicht langsam vor sich geht, sondern mit dem Höchstmaß an möglicher Geschwindigkeit, steigert sich dieses Prinzip zur seelischen Bewegung der *Rotation*. Indem die Zuseher sich also auf das Geschehen einlassen, beginnen sie sich im eigentlichen auf ein darin wirksam werdendes Rotieren einzulassen, das nur über die zuvor getroffene Begrenzung und Rahmung des Gesamtgeschehens möglich wird.

Von diesem Rotieren berichten die Probanden direkt in mehreren Facetten. So etwa, wenn das Gespann, zu dem man bislang gehalten hat, plötzlich aus dem Rennen fällt. Man könne dann direkt an sich beobachten, wie die Spannung, in der man sich befunden habe, von einem abfalle. Gleichzeitig sei auch die ganze Spannung aus dem Rennen. In der erlebbaren Differenz zwischen vor und nach dem Ausfall wird den Probanden deutlich, in welcher Mit- und Drehbewegung man sich zwischenzeitlich befunden hat. Weniger drastisch, aber ebenso erlebnismäßig nachvollziehbar sei es, wenn die gelbe Flagge geschwenkt oder - noch krasser -, das Rennen durch eine Unterbrechung verlangsamt wird. „Da merkst du richtig, wie du zuerst runter und, wenn das Rennen wieder freigegeben ist, wieder raufschaltest und eine Runde nach der anderen hinlegst."

Am deutlichsten äußert sich das Rotieren im Gefühl der Lethargie und Leere. Psychologisch bedeutet ein Rotieren des Seelischen (Entwicklungs-) Stillstand, was etwa entlang der psychodynamischen Konstruktion des Narzißmus von Freud als ein Rotieren (Kreisen) um sich selbst verstanden werden kann, in dem es zu keinem Austausch und Umsatz mit der Welt kommt, womit sich zwingend psycho-logisch ein Gefühl von Leere einstellen muß.

Auf diese Art und Weise kommt das Seelische richtig auf Touren, ohne allerdings - wie in der Formel-1 selbst - einen Meter weitergekommen zu sein. Nun könnte man meinen, daß die Formel-1 ein vollkommen überflüssiges Geschehen sei. Psychologisch gesehen stellt sich dies aber nicht so dar, denn zum einen wird es dem Psychischen möglich, eine in der realen Welt kaum auffindbare Form seelischer Beschleunigung (Rotieren) gefahrlos zu erleben. Zum anderen scheint in der machinalen Tätigkeit des seelischen Mitvollzugs andauernder Wiederholung auch eine psychohygienische Seite verborgen zu sein. So berichteten die meisten Probanden davon, mit einem Formel-1-Rennen besser über die oft gefährliche Lethargie des Sonntags zu kommen, da man die nach einem Rennen oft quälend spürbare Leere durch ein Aktivwerden zu bekämpfen suche. Bei einigen der Befragten sei es geradewegs so, daß sich das Aktivwerden nach einem Formel-1-Rennen richtiggehend aufdränge und es einzulösen besonders leicht falle. In diesem Zusammenhang wäre es sicherlich einmal lohnenswert, der Funktion der Formel-1 nachzuforschen, die sie in der psychologischen Figuration des Sonntags (Wochenendes) zu übernehmen scheint.

Zusammenfassend läßt sich also resümieren, daß die Zuschauerverfassung, hier exemplarisch nachgezeichnet am Formel-1-Erleben, direkt in das Erleben von Unmittelbarem hineinführt. Die Formel-1 bietet eine primär sinnlich dominierte und schwer in Sprache zu fassende faszinierende Zwischenwelt an. Die Differenz zwischen Mensch und Maschine ist darin aufgehoben, sie sind zu einer Wirkungsgestalt verschmolzen, der partizipierend gefolgt werden kann. Im pathischen Mitvollzug des Renngeschehens, das in seiner Anlage zu einer Kreisfahrt *begrenzt* ist, wird für das Psychische eine attraktive *Steigerung* möglich, die sich in Form des Bewegungsprinzips der Rotation organisiert und bemerkbar macht. Im Verschmelzen von Mensch und Maschine, im sprachlos-sinnennahen Aufgehen der Erlebenswelt der Formel-1, in den entdifferenzierenden Momenten kündigt sich bereits Unmittelbares an, das im Renngeschehen über das Bewegungsprinzip der Rotation das Psychische als Verfassung organisiert. Dabei spielt wiederum der Rhythmus und sein Wiederholungscharakter für den Aufbau dieser Verfassung eine entscheidende Rolle.

6. Abschluß

Ausgehend von der Frage, worin die besondere Wirkung des Sports bzw. der sportlichen Tätigkeit liegt, folgte die Untersuchung der Bestimmung und Analyse einer spezifischen psychischen Verfassung, die sich im Wirkungsfeld des Sports einspielt. Jene Verfassung wurde aus einzelnen Sonderformen des Sport- und Bewegungserlebens zum Untersuchungsgegenstand herausgebildet. Dabei wurde behauptet, daß die im Tätigkeitsfeld Sport möglichen Erlebensweisen gesteigerter Wirklichkeitserfahrung ihre Übereinstimmung im Zug des Unmittelbaren haben und somit im Sport Möglichkeiten bereitgestellt werden, die die psychische Lage kurzfristig im Sinne dieses Unmittelbaren entscheidend zu modulieren imstande sind. In der Begegnung mit dem Phänomenfeld Sport kann sich das Psychische nach den Verhältnissen des Unmittelbaren als komplette seelische Verfassung organisieren.

Die Analyse psychologischer Theorien wie auch der entwicklungspsychologischen Bedingungen machten deutlich, daß es sich bei jener Verfassung um ein Jenseits-von-Subjekt-und-Objekt handelt, also einer seelischen Zuständlichkeit, in der das oppositionelle Verhältnis von Subjekt und Objekt temporär aufgehoben scheint. Ich und Welt stehen sich für kurze Zeit nicht gegenüber, sondern fallen mehr oder weniger unterschiedslos ineinander. Dabei spielt sich ein Umschwung von einer gnostischen (erkennenden, feststellenden) zu einer pathischen (empfindenden) Kommunikation mit der Welt ein, die nun die Wirklichkeitserfahrung dominiert. Als deren Referenz gilt das Sinnlich-Leibliche, und damit im originären Sinn des Begriffs verstanden, das Ästhetische. Ähnliches ist gemeint, wenn Salber (1977) davon spricht, daß das Seelische weniger nach logischen, als vielmehr nach (psych-)ästhetischen Gesetzmäßigkeiten und Organisationsprinzipien funktioniert, so, wie sie in der Kunst bzw. in künstlerischen Schaffensprozessen beobachtbar seien.[61]

---

[61] Als solche kunstanalogen Ausdrucksbildungen im Alltag benennt Salber (1977) beispielshaft „das Aufgehen in der Anschauung von Dingen beim Schaufensterbummel, das Mitbewegen in den

Die Ergebnisse der Explorationen zum Tiefschneefahren, zum Leistungssport und zur Formel-1 lassen sich - obwohl jeweils eine andere Gegenstandsbildung dahintersteht - dahingehend vergleichen, daß sich in ihnen jeweils Unmittelbares als seelische Verfaßtheit entwickeln kann und sich dann auch aufrechtzuerhalten sucht. Für die wenigen Augenblicke einer Tiefschneefahrt, die Tage eines Schiurlaubs, die Jahre der Aktivität als Leistungssportler, aber auch in den Stunden eines Formel-1-Rennens als Zuseher stellt der Sport die Bedingungen für die Dominanz eines Ich-Welt-Verhältnisses her, das hier als ein Unmittelbares zu charakterisieren versucht wurde. Funktional betrachtet ist damit eine Art *Re-Totalisierung des Psychischen* gelungen, die, trotz differenzierter psychischer Struktur, eine seelische Zuständlichkeit darstellt, wie sie in der ersten, frühen Zeit der individuellen Entwicklung geherrscht haben mag - diesmal allerdings nicht im Status des Ausgeliefertseins an die unerträgliche Affektlage der ambivalenten Grundkonstruktion des Psychischen, sondern immer noch ausgestattet mit genügend Rapport zum jeweils erreichten und tragenden Entwicklungsstand.

Folgt man diesem Gedankengang weiter, dann kann als ein Ergebnis dieser Untersuchung festgehalten werden, daß die faszinierende Wirkung des Sports darin besteht, die Bedingungen für das Ausbilden einer (totalisierenden) Verfassung des Unmittelbaren bereitzustellen, die wiederum effektiv dazu verhilft, unangenehme bis unerträgliche ambivalente psychische Gefühlslagen zu behandeln. Anstelle eines Zugleichs zweier oder mehrerer seelischer Strebungen „schafft es der Sport", mit Hilfe der Bausteine von Begrenzung, Rahmung, Bewegungsprinzip und Verfügbarmachung zu vereindeutigen, zu entdifferenzieren und zu vergegenwärtigen, und dies alles unter der Prämisse der Attraktivität des Sinnlich-Leiblichen.

So gesehen können die diversen sportartspezifischen Bewegungsgestalten als *Behandlungsformen* der seelischen Grundkonstruktion verstanden werden, mit denen etwa eine Ambivalenz-Abwehr möglich wird. Mit einem solchen psychologischen

Sinnlichkeiten der Kirmes, das Hingerissenwerden in Film und Theater, die Entwicklung im Gesamtkunstwerk einer Messe, das Genießen von Autofahren auf freier Bahn" (ebd., 39).

Verständnis könnten Erklärungen über die Wirkung von Sport und Freizeitaktivitäten vertieft werden, die in ihren Erklärungszusammenhängen lediglich die fortschreitende Entfremdung von sinnlichen Bezügen der Unmittelbarkeit berücksichtigten. Die „Architektur" der Verfassung des Unmittelbaren weist darauf hin.

Vielleicht bereichert der Gedanke an die Ambivalenz-Abwehr und Behandlung von Wirklichkeit durch Sport die sportwissenschaftliche Argumentation, die sich gegen das unterrichtsreformerische Ansinnen stellt, das Ausmaß von Sportstunden im Unterrichtskanon zu reduzieren, um eine (tiefen-)psychologische Note. Zudem könnten die hier vorgebrachten Zusammenhänge einbezogen werden in eine medienpsychologische Theoriebildung. Sie erklärt vielleicht psychologisch, worin die Attraktion von Fernsehübertragungen liegt, die durch entsprechende Kameratechnik so nah wie möglich an das Geschehen heranführen. Zudem kann eine genauere Analyse der Form des Unmittelbaren, welche in der Charakteristik einer jeweiligen Sportart zum Ausdruck kommt, zu differenzierten strategischen Überlegungen bei der Planung von Werbeaktivitäten im Bereich des Sports verhelfen.

In dieser Arbeit wurde - notwendigerweise - das Unmittelbare seiner Unmittelbarkeit beraubt. Will man etwas über das Unmittelbare sagen, so muß es irgendwie vermittelt werden. Die dargelegten Verhaltens- und Erlebensbeschreibungen, die über die Verfassung des Unmittelbaren berichteten, stellen bereits Darstellungsformen dar, in denen das Unmittelbare nur noch ansatzweise zum Vorschein kommt. Um dennoch einen erlebensnahen Eindruck davon zu bekommen, was hier mit einer Verfassung des Unmittelbaren beschrieben wurde, soll ans Ende eine Erlebensbeschreibung gestellt werden, die etwas näher an die seelische Verfaßtheit des im Wesen präreflexiven und präverbalen Unmittelbaren heranführt. Es handelt sich dabei um die Beschreibung der Teilnahme an der Triathlon-Europameisterschaft. Beschrieben wird der Laufteil des Triathlons von einem Studierenden der Deutschen Sporthochschule Köln, der an einer psychologischen Untersuchung zum Triathlon-Erleben teilnahm.

Die Erlebensbeschreibung enthält einige der Momente, die im Rahmen dieser Arbeit behandelt wurden. So findet sich etwa zur Hälfte die Beschreibung eines glücklichen

Moments, der sich im Laufen selbst einstellt. Natürlich kann auch diese Beschreibung lediglich andeutungsweise an die präverbalen und präreflexiven Qualitäten des Aktivseins herankommen. Liest man sie allerdings nicht nur schnell quer, sondern läßt sich auf das Beschriebene ein, so geschieht ansatzweise ein Akt des Unmittelbarwerdens (Verunmittelbarens) - man fühlt sich beim Lesen direkt in das Geschehen eingewoben und ist ihm pathisch nahe.

Würde man den Text auf seinen psychologischen Gehalt hin analysieren, so würde man darin viele Elemente ausfindig machen können, die von diversen Autoren einheitlich als für das Sporterleben relevant bezeichnet wurden. So etwa könnte man das Geschehen als eine Form der Grenzerfahrung interpretieren oder den zahlreichen Kognitionen während des Laufens nachgehen, um anschließend metaphorisch zu behaupten, das Laufen würde sich im Kopf abspielen. All dies wäre möglich, soll hier aber einmal hintangestellt werden und durch eine andere Lesart ersetzt werden. Um an die Verfassung des Unmittelbaren heranzukommen, sei ein Lesen empfohlen, welches primär auf die Befindlichkeit achtet, die in und zwischen den Zeilen steht bzw. zu verspüren ist. Im Text werden verschiedene Knotenpunkte (Kilometerhinweise) genauer beschrieben. Das, was an diesen Stellen zur Beschreibung kommt, sind bereits *Störungen* der unmittelbaren Verfaßtheit des Seelischen. In diesen Störungen ist das zentrale Moment der Verfassung des Unmittelbaren, nämlich das Jenseits-von-Subjekt-und-Objekt aufgehoben und in eine Gegenüberstellung gebracht. Das bedeutet wiederum, daß sich die Verfassung des Unmittelbaren *zwischen* den Beschreibungen zu KM 5, 18, 27 und 37 findet und das zu diesen Markierungen Beschriebene als Ausdruck einer Störung jener Unmittelbarkeit verstanden werden muß, für die es zwischen den Kilometerangaben keine Worte gibt. Das Beschriebene ist also einerseits Hinweis auf die Verfassung des Unmittelbaren, die diesen Beschreibungen zugrunde liegt, sowie andererseits Ausdruck seelischer Tätigkeiten des Umgangs damit bzw. der Wiederherstellung der Verfassung des Unmittelbaren. Wenn es am Ende wörtlich heißt: „Triathlon ist meine Droge, mein Seelenwäscher", dann ist mit dieser bildhaften Sprache nochmals auf den Behandlungsaspekt verwiesen, also auf die Funktion der Ambivalenz-Abwehr und -Bereinigung der im Sport bereitgestellten Verfassung des Unmittelbaren.

<Nee, mein Lieber. So schwer hatte ich mir das nicht vorgestellt. Der Rücken ist steinhart. Ich habe Durst wie ein Pferd. Ich bin völlig fertig. Das Rad beiseite stellen. In die Wechselzone schlappen, fressen und trinken und dann nur noch schlafen. So, meine Wechseltüte habe ich schon mal. Ich spüre jeden Muskel, vor allem die Beine und der untere Rücken. Das Radfahren war eine Tortur: 180 KM nur Wind und Regen. Das Schwimmen war Überlebenstraining pur. Warum machst Du diesen Quatsch, warum? Aber jetzt ist Schluß, Ende, Aus. Laufen werde ich nicht. Nee, nee. Du brauchst Dich nicht zu schämen, wenn Du hier bei diesem Rennen aussteigst. Rüdiger ist auch schon lange unter der Dusche. Und ganz andere 'Namen' sind heute ausgestiegen. Ich gehe erst mal in den Wechselbereich, pinkeln und so weiter.
Jetzt sitz ich hier. Die Jungs sprinten hier durch den Transit, als sei das ein 100-Meter-Lauf. Na gut. Ich ziehe mir die Laufschuhe an. Tse, Schnellverschlüsse an den Schnürsenkeln fürs schnellere Wechseln; als sei das nicht egal nach über 7 Stunden Wettkampf. Auf welchen kommerziellen Scheiß man reinfällt. So, Käppi auf, Walkman an, und pinkeln. Blase leer. Ich setz´ mich noch mal hin. Mein Gott, jetzt hast Du Dich vier Jahre, Sommer wie Winter, fast jeden Abend und Morgen durchs Trainingsprogramm gebissen. So viele Entbehrungen, selten Parties, kein Alkohol, kein Fett, kein Fleisch, immer nur Nudeln, Pasta, Pasta, zwischendurch zum Dienst, 10 bis 12 Stunden jeden Tag. Oh, verdammt, was sagen die Kollegen, wenn Du ohne alles zurückkommst? Nein! Mann mit dem Hammer, Du hast mich noch lange nicht. 42,195 KM, jeden Meter werde ich jetzt kämpfen, koste es, was es wolle. Den ganzen Streß habe ich nicht umsonst auf mich genommen. 700 KM mit dem Auto hierher gegurkt; 3 Tage vorher hier gewesen. Auch wenn das Wetter heute nicht mitspielt. Heute ist mein Tag. Ich laufe erst mal los, aussteigen kann ich noch immer, und gekotzt habe ich ja auch noch nicht. Also, was sitzt Du noch rum? Laß den Tiger aus dem Tank. Roll das Feld von hinten auf.
Ich laufe los, beim ersten Verpflegungstisch nur Wasser. Ich komme aus der Halle raus. Boh. Geil, nur Menschen. Nichts als Menschen. Wieviel mögen das sein, 20 oder 30 Tausend? Beim Radfahren bemerkt man das gar nicht. Nein, aber jetzt, und alle glotzen Dich an, schreien Dich vorwärts. Hier geht was ab; das ist mit keiner Fußballgala vergleichbar. Ich spüre es, ich spüre es das erste Mal überhaupt: Ich bin auf dem Weg zum Ironman. Nur noch 42 KM, nur noch 42 KM, nur noch 42 KM. Du bist ganz nah dran, so nah wie noch nie, und das Geile: mit jedem Schritt, mit jedem Kriecher komme ich ihm näher, dem Ironman. Davon habe ich doch immer geträumt in den vergangenen Jahren. Nie geglaubt, daß alles so schnell gehen würde. Ich erinnere mich noch gut an den ersten Tria. Winzig klein, nach 40 Minuten war ich damals im Ziel. Und jetzt bin ich bei der Europameisterschaft und habe alles in der Hand. Laß die Füße laufen. Super, es geht recht locker, laufe gleich an zwei oder drei Franzosen vorbei, die stehen förmlich. Ich schiebe mir ein Powerbar zwischen die Zähne. Schmeckt gräßlich das Zeug, aber es bringt den nötigen Dampf. Ich höre meinen Namen, ich schau mich um, ich sehe in dem Gewusel meine Schwester. Das wußte ich nicht, daß sie hier ist. Dann sind Mutter und Vater auch da. Jetzt bleibt mir nicht anderes übrig, als das hier zu Ende zu bringen.

KM 5: Klaus kommt mit dem MTB angedüst. Ich schrei Klaus an. Ich habe Rückenschmerzen, meine Beine fühlen sich wie Blei an. Klaus ruft: „Du siehst locker aus. Ich hätte das nie gedacht, daß Du so weit kommst. Bleib locker! Du bist ne halbe Stunde unter dem Fahrplan. Junge, hau rein. Das ist total cool!" Nach diesen Worten fühle ich mich wie ein Läufer; die Schritte werden rund. Ich fühle zum ersten Mal meinen inneren Rhythmus; hör auf Dein Herz! Jetzt, wo ich nichts mehr spüre, wird mein Lauf völlig geschmeidig. Jede Anspannung der letzten Zeit rutscht von mir; ich bin hier, ich bin hier und bin auf dem Weg zum Ironman. Ich habe alle Zügel in der Hand, nur der Kopf steuert Dich, und der Kopf will heute, scheißegal, was die Beine und der Magen sagen. Der Kopf will, und der Kopf bin ich. Der Blick ist nur noch geradeaus; straight to the point. Ja verdammt, zum ersten Mal mache ich hundertprozentig, was mein Kopf will. Es ist völlig absurd, was ich hier erlebe. Der Kopf siegt über meinen Körper. Jetzt in diesem Moment versetzt der Glaube Berge. Könntest Du nur immer so stark sein wie jetzt, alles könntest Du schaffen. Es kribbelt in mir, Gänsehaut überschießt mich, Tränen rasen in meine Augen. 25 Jahre mußte ich suchen. Ich glaube, hier und heute, jetzt habe ich meine Ruhe gefunden. Das ist das Schönste, das größte Glück, das ich je erlebte.

KM 18: Klaus wird von einem Kampfrichter von der Strecke verwiesen; verdammt, jetzt muß ich alleine weiter. Ich fliege nicht mehr. Plötzlich wieder die Beine, die Waden sind Beton. Und ich eine bleierne Ente. Hunger überkommt mich. Der nächste Verpflegungspunkt. Hmm, Rosinenbrötchen. Coke, was ist das für ein Gesöff. Es ist, als tanke man einen leergefahrenen Wagen. Die Coke schmeckt unglaublich, so lecker hat sie noch nie geschmeckt. Wir können eigentlich froh sein: wir haben immer was zum Knabbern und ein Dach über dem Kopf, können durch die Gegend jetten. Eigentlich geht es uns ganz gut. Wir dürfen uns nicht beklagen. Was machen die, die sich immer so fühlen wie ich mich gerade, mit Hunger und diesem unersättlichem Hieper nach Coke oder was weiß ich. Ich hätte auch puren Zucker in mich reingestopft: Hauptsache, den Hunger bekämpfen. Da ist schon irre, was man hier durchmacht, was man dabei erlebt. Damit hätte ich nie gerechnet. Es ist wie ein Kampf, ein Krieg. Bloß, daß es keine Verlierer gibt. Hier und heute ist jeder ein Sieger.

KM 27: Der letzte Turnaround, noch 15 KM gegen den steifen Wind von der Nordsee, dann bist Du zuhause. Jürgen Z. und Jos E. kamen mir gerade entgegengeflogen. Einen irren Zahn drauf. Tja, die Jungs können auch den ganzen lieben Tag trainieren. Da habe ich 'ne ganz andere Verantwortung, jeden Tag. Jeden Morgen, wenn die sich aus dem Bett schälen, um zum Pool zu watscheln, habe ich schon meine Frühbesprechung abgehalten. So isses. Ich bin eigentlich gar nicht böse drum, auch wenn der Job sehr oft nervt und eigentlich viel zu viel Freizeit nimmt, aber meine Lebenserfahrung und Erlebnisse werden die wohl nie nachvollziehen können. Und ich glaube, das Ganze hier erlebe ich viel bewußter; hat für mich einen ganz anderen Stellenwert als für die Laktatwichser. Die kennen doch nur ihren Pool, ihr Bike und den billigsten Pastaladen in ihrem Dorf.

KM 37: Ich weiß, jetzt habe ich es. Wenn mir jetzt der Mann mit dem Hammer

begegnet, ist es auch egal. Notfalls krieche ich das letzte Stück. Die Zuschauerspaliere werden immer enger. Die Einsamkeit von der Strecke ist nun vergessen. Da sind sie wieder: unzählige lachende Gesichter, jubelnde Münder, klatschende Hände, immer wieder: mui Jung, Iop. Ja, ihnen habe ich es auch zu verdanken. Ohne sie ist das alles nicht möglich, eigentlich ist es wirklich ohne sie gar nicht möglich. Niemand würde den Quatsch hier machen, wenn er nicht jemand draußen auf der Strecke hätte oder jemand im Ziel auf sich warten hätte. Die Zuschauer: sie sind das Salz in der Suppe. Ich fliege wieder. Die Beine sind nicht mehr zu spüren. Ich rase. Unglaublich, nach über 11 Stunden kann ich noch rennen. Yes. Here I am, schaut her, ich bin wieder da. Ich spüre gar nichts mehr. Der Schmerz ist völlig vergessen. Alles läuft von selbst. Noch ein knapper Kilometer. Ich habe es gleich, jetzt genieße ich es. Schau in die Gesichter. Nimm Dir, was Dir diese Menschen jetzt geben: ohrenbetäubender Applaus und Anerkennung. Man hat das Gefühl, als nehmen sie den Hut vor einem ab. Es ist unbeschreiblich, niemand ist neben oder hinter mir. Alles das gehört Dir jetzt ganz alleine. Ich kann es nicht glauben, noch 500 Meter, jeder Schritt ist ein Jubelsprung. Die Seele hüpft, ich habe es geschafft. Ich sehe Mutter und Vater direkt hinter der Absperrung. Sie drücken mir beim Vorbeilaufen einen Blumenstrauß in die Hand. Jetzt strecke ich die Faust in die Luft. Jetzt biege ich auf die Zielgerade ein. Ein grüner weicher Teppich, Tausende Menschen. Dies ist der Moment, in dem alles zusammenkommt. Unbeschreibliche Kräfte wirken auf mich. Ich kann nur noch weinen. Ich bin überglücklich, im Ziel und am Ziel meiner Träume. Jetzt bin ich zu Hause. Endlich. Ich bekomme einen Blumenkranz umgehängt. Langsam gehe ich aus dem Zielbereich. Ich drehe mich um. Ich ziehe nun den Hut vor mir selbst. Ich bin wahnsinnig stolz. Diesen Moment kann mir niemand mehr nehmen, niemals.
Ich weiß, daß mir die Beine und Knochen schmerzen werden in den nächsten Tagen, aber im Grunde hat nur der Kopf finisht. Ohne ihn ist das übrige nur Haut und Knochen. Ich bin völlig überrascht, ich habe mich selbst erlebt. Triathlon ist meine Droge, mein Seelenwäscher.>

Anhang

An den Erhebungen beteiligt waren: R. Bastijans, D. Baumann, Dipl. Psych. M. Busch, Dipl. Sportl. A. Hohl, H. Meisen, Dr. Sportwiss. O. Prüfer, R. Spohr, N. Stefan, K. Strack, Dipl. Sportl. T. Vagedes, Dipl. Sportl. U. Voss. Ihnen sei herzlich gedankt.

Untersuchungsthematik 'Schifahren':

Explorationsmaterial: 12 Tiefeninterviews
                         12 Erlebensprotokolle

Versuchspersonen der Tiefeninterviews:

Beruf	Alter	Geschl.	regelmäßig seit	Fahrkönnen
Student	25	m	14 Jahren	sehr gut
Designerin	31	w	20 Jahren	sehr gut
Angestellter	25	m	20 Jahren	sehr gut
Studentin	25	w	16 Jahren	sehr gut
Bankkaufmann	29	m	25 Jahren	sehr gut
Journalist	30	m	6 Jahren	gut
Animateur	21	m	15 Jahren	sehr gut
Studentin	24	w	6 Jahren	gut
Informatiker	31	m	25 Jahren	sehr gut
Koch	30	m	7 Jahren	gut
Journalist	28	m	10 Jahren	sehr gut
Studentin	24	w	6 Jahren	sehr gut

Untersuchungsthematik 'Leistungssport':

Explorationsmaterial: 12 Tiefeninterviews

Versuchspersonen der Tiefeninterviews:

Disziplin	Leistungsgruppe	Alter	Geschlecht	aktiv
Langstreckenlauf	international	21	m	ja
Turmspringen	international	31	w	nein
Taekwondo	national	24	w	nein
Langstreckenlauf	national	20	w	ja
Squash	national	25	m	ja
Stabhochsprung	national	24	w	ja
Triathlon	international	28	m	ja
Boxen	national	21	m	ja
Hockey	national	24	w	ja
Triathlon	national	56	m	nein
Hammerwurf	national	29	m	ja
Schwimmen	national	29	w	nein

Untersuchungsthematik 'Formel-1'

Explorationsmaterial: 12 Tiefeninterviews

Versuchspersonen der Tiefeninterviews:

Beruf	Alter	Geschlecht	Teilnahme
Angestellter	26	m	TV
Abiturientin	19	w	TV
Realschüler	16	m	vor Ort/TV
Kaufmann	30	m	vor Ort/TV
Maurer	54	m	vor Ort/TV
Bauingenieur	31	m	vor Ort/TV
Student	23	m	TV
Angestellte	40	w	TV
Dolmetscher	51	m	TV
Erzieherin	40	w	TV
Angestellte	37	w	TV
Kaufmann	27	m	TV

Literaturverzeichnis

Abraham, K. (1969). Versuch einer Entwicklungsgeschichte der Libido auf Grund der Psychoanalyse seelischer Störungen. In J. Cremerius (Hrsg.), *Karl Abraham. Psychoanalytische Studien zur Charakterbildung* (S. 113-228). Frankfurt a.M.: Fischer [Orig. 1924].

Alfermann, D. & Stoll, O. (1999) (Hrsg.), *Motivation und Volition im Sport. Vom Planen zum Handeln.* (Bericht über die Tagung der Arbeitsgemeinschaft für Sportpsychologie vom 21.-23. Mai 1998 in Leipzig). Köln: bps.

Allmer, H. (1995). „no risk - no fun" - Zur psychologischen Erklärung von Extrem- und Risikosport. *Brennpunkte der Sportwissenschaft 9* (1/2) (S. 60-90). Sankt Augustin.

Allmer, H. (1999). Zur Zukunft der Sportpsychologie - Zwischen Abwarten und Gestalten. In H. Allmer (Hrsg.), *30 Jahre asp 1999* (S. 48-57). Schorndorf: Hofmann.

Aufmuth, U. (1986). Risikosport und Identitätsproblematik. Überlegungen am Beispiel des Extrem-Alpinismus. In G. Hortleder, G. Gebauer (Hrsg.), *Sport-Eros-Tod* (S. 188-215). Frankfurt a.M.: Suhrkamp.

Balint, M. (1994). *Angstlust und Regression.* Stuttgart: Klett-Cotta.

Baßler, W. (1988). *Ganzheit und Element. Zwei kontroverse Entwürfe einer Gegenstandsbildung der Psychologie.* Göttingen, Toronto, Zürich: Hogrefe.

Becker, P. (1995). Auf der Suche nach dem Paradies - Zur aktuellen Attraktivität von Erlebnis und Abenteuer. In R. Pawelke (Hrsg.), *Neue Sportkultur. Von der Alternativen Bewegungskultur zur Neuen Sportkultur. Neue Wege in Sport, Spiel, Tanz und Theater - ein Handbuch* (S. 325-333). Lichtenau: AOL.

Blothner, D. (1993). *Der glückliche Augenblick. Eine tiefenpsychologische Erkundung.* Bonn: Bouvier.

du Bois, R. (1990). *Körper-Erleben und psychische Entwicklung.* Göttingen, Toronto, Zürich: Hogrefe.

Buytendijk, F.J.J. (1956). *Allgemeine Theorie der menschlichen Haltung und Bewegung.* Berlin: Springer.

Buytendijk, F.J.J. (1958). *Das Menschliche. Wege zu seinem Verständnis.* Stuttgart: Koehler.

Cath, H., Kahn, A., Cobb, N. (1980). *Frust und Freud beim Tennis. Psychologische Studien der Spielertypen und Verhaltensweisen.* Niederhausen: Falken.

Crevenciuc, V. (1996). *Besseres Tennis durch mentale Fitness. Die Kunst, gelassener zu spielen.* Junfermann: Paderborn.

Csikszentmihalyi, M. (1985). *Das flow-Erlebnis. Jenseits von Angst und Langeweile: im Tun aufgehen.* Stuttgart: Klett-Cotta.

Csikszentmihalyi, M. (1995a): *flow* und seine Bedeutung für die Psychologie. In M. & I.S. Csikszentmihalyi (Hrsg.). *Die außergewöhnliche Erfahrung im Alltag. Die Psychologie des flow-Erlebnisses.* (S. 28-49). Stuttgart: Klett-Cotta.

Csikszentmihalyi, M. (1995b). Die Zukunft. In M. & I.S. Csikszentmihalyi (Hrsg.). *Die außergewöhnliche Erfahrung im Alltag. Die Psychologie des flow-Erlebnisses.* (S. 377-398). Stuttgart: Klett-Cotta.

Degen, M.P. (1986). Wie Seelisches in die Gänge kommt. Radfahren: Lebenssteigerung durch Herunterschalten. In *Zwischenschritte 15* (2), 15-28.

Degen, M.P. (1989). *Immer diese Radfahrer. Kleine Psychologie des Radfahrens.* Hamburg: Rasch & Röhring.

Descartes, R. (1960). Meditationen über die Grundlagen der Philosophie. Hamburg: Meiner [Orig. übers. 1870].

Dombrowski, O. (1975). *Psychologische Untersuchung über die Verfassung von Zuschauern bei Fußballspielen.* Ahrensburg: Czwalina.

Elias, N. (1989). *Über den Prozeß der Zivilisation. Soziogenetische und psychogenetische Untersuchungen.* 2 Bde. Frankfurt a.M.: Suhrkamp.

Ennenbach, W. (1991). *Bild und Mitbewegung.* Köln: bps.

Erikson, E.H. (1961). *Kindheit und Gesellschaft.* Stuttgart: Klett.

Fitzek, H. (1999). Beschreibung und Interview. Entwicklungen von Selbstbeobachtung in der morphologischen Psychologie. *Journal für Psychologie 7* (3).

Fitzek, H., Salber, W. (1996). *Gestaltpsychologie. Geschichte und Praxis.* Darmstadt: Wissenschaftl. Buchgesellschaft.

Freichels, H.J. (1995). Kennzeichen des morphologischen Tiefeninterviews. *Zwischenschritte 14* (2), 87-97.

Freud, S. (1989a). Die Traumdeutung. *Sigmund Freud Studienausgabe. Bd. 2.* Frankfurt a.M.: Fischer [Orig. 1900].

Freud, S. (1989b). Drei Abhandlungen zur Sexualtheorie. *Sigmund Freud Studienausgabe. Bd. 5* (S. 37-145). Frankfurt a.M.: Fischer [Orig. 1905].

Freud, S. (1989c). Ratschläge für den Arzt bei der psychoanalytischen Behandlung. *Sigmund Freud Studienausgabe. Ergänzungsband* (S. 170-180). Frankfurt a.M.: Fischer [Orig. 1912].

Freud, S. (1989d). Zur Einführung des Narzißmus. *Sigmund Freud Studienausgabe. Bd. 3* (S. 37-68). Frankfurt a.M.: Fischer [Orig. 1914].

Freud, S. (1989e). Erinnern, Wiederholen und Durcharbeiten. *Sigmund Freud Studienausgabe. Ergänzungsband* (S. 205-216). Frankfurt a.M.: Fischer [Orig. 1914].

Freud, S. (1989f). Massenpsychologie und Ich-Analyse. *Sigmund Freud Studienausgabe. Bd. 9* (S. 63-134). Frankfurt a.M.: Fischer [Orig. 1921].

Freud, S. (1989g). Das Unbehagen in der Kultur. *Sigmund Freud Studienausgabe. Bd. 9* (S. 191-270). Frankfurt a.M.: Fischer [Orig. 1930].

Freud, S. (1989h). Die psychoanalytische Technik. *Sigmund Freud Studienausgabe. Ergänzungsband* (S. 411-412). Frankfurt a.M.: Fischer [Orig. 1914].

Gabler, H. (1986). Motivationale Aspekte sportlicher Handlungen. In H. Gabler, J.R. Nitsch, R. Singer (Hrsg.). *Einführung in die Sportpsychologie. Teil 1: Grundthemen* (S. 64-106). Schorndorf: Hofmann.

Gabler, H. (1998). Zuschauen im Sport – Sportzuschauer. In B. Strauß (Hrsg.). *Zuschauer* (S. 113 – 138). Göttingen, Bern, Toronto: Hogrefe.

Gastgeber, K. & Marlovits, A. (1989). *Der Leib als Erfahrung. Historische Daten. Philosophische, theologische, psychologische Aspekte, Perspektiven und Konzepte.* Pastorale Reihe 11. Graz: Karl-Franzens-Universität Graz/Pastoraltheol. Institut.

Gebauer, G. & Hortleder, G. (1986). Die künstlichen Paradiese des Sports. In G. Hortleder & G. Gebauer (Hrsg.) *Sport - Eros - Tod* (S. 7-21). Frankfurt a. M.: Suhrkamp.

Gebauer, G. (1986). Das Spiel gegen den Tod. In G. Hortleder & G. Gebauer (Hrsg.) *Sport - Eros - Tod* (S. 271-282). Frankfurt a. M.: Suhrkamp.

Gehlen, A. (1962). *Der Mensch. Seine Natur und seine Stellung in der Welt.* Frankfurt a.M.: Athenäum.

Graumann, C.F. (1971). *Einführung in die Psychologie. Band 1: Motivation.* Bern, Stuttgart: Huber.

Grünewald, S. (1996). Dem beseelten Marketing gehört die Zukunft. *Werben & Verkaufen Spezial*, 50 - 53.

Grupe, O. (1975). Was ist und was bedeutet Bewegung? In E. Hahn & W. Preising (Hrsg.), *Die menschliche Bewegung - Human Movement* (S. 3-19). Schorndorf: Hofmann.

Heubach, F.W. (1996). *Das bedingte Leben. Theorie der psycho-logischen Gegenständlichkeit der Dinge.* München: Fink.

Hoffmann, R. (1981). *Zur Psychologie des Glücksgefühls. Eine empirische Untersuchung.* Diss. München: Fakultät für Psychologie und Pädagogik d. Univ. München.

Hortleder, G. & Gebauer, G. (1986) (Hrsg.). *Sport - Eros - Tod.* Frankfurt a. M.: Suhrkamp.

Janssen, J.-P. (1995). *Grundlagen der Sportpsychologie.* Wiesbaden: Limpert.

Kaminer, I. (1999). Die intrauterine Dimension in der menschlichen Existenz und in der Psychoanalyse - Hommage an Béla Grunberger. *Psyche 53* (2), 101-136.

Kaminski, (1981). Überlegungen zur Funktion von Handlungstheorien in der Psychologie. In H. Lenk (Hg.), *Handlungstheorien - interdisziplinär. Band 3. 1. Hbd* (S. 93-122), München: Fink.

Kelly, G.A. (1965). Der Motivationsbegriff als irreführendes Konstrukt. In H. Thomae (Hrsg.). *Die Motivation menschlichen Handelns.* Köln, Berlin: Kiepenheuer & Witsch.

Klemm, O. (1954). Leistung. In O. Klemm (Hrsg.), *Wege zur Ganzheitspsychologie* (S. 65-82). München: Beck.

Köhler, W. (1933). *Psychologische Probleme.* Berlin: Springer.

Kohl, K. (1956). *Zum Problem der Sensumotorik. Psychologische Analysen zielgerichteter Handlungen aus dem Gebiet des Sports.* Diss., Frankfurt: Universität Frankfurt.

Landgrebe, L. (1967). *Der Weg der Phänomenologie.* Gütersloh: Mohn.

Leist, K.H. & Loibl, J. (1984). Aufbau und Bedeutung kognitiver Repräsentation für das motorische Lernen im Sportunterricht. In D. Hackfort (Hg.), *Handeln im Sportunterricht* (S. 268-299). Köln: bps.

Lenk, H. (1972). *Leistungssport: Ideologie oder Mythos?* Stuttgart, Berlin, Köln: Kohlhammer.

Lersch, P. (1966). *Aufbau der Person.* München: Barth.

Linschoten, J. (1961). *Auf dem Wege zu einer phänomenologischen Psychologie. Die Psychologie von William James.* Berlin: de Gruyter.

Marcel, G. (1954). *Sein und Haben.* Paderborn: Schöningh.

Marlovits, A.M. (1993). *Über die Einheit von Empfinden und Sich-Bewegen. Der Beitrag von Erwin Straus zur psychologischen Theorie des Sich-Bewegens.* Unveröff. Diplomarbeit, Graz: Sportwiss. Institut d. Universität Graz.

Marlovits, A.M. (1998). Sich-Bewegen und Empfinden - bewegungspsychologische Überlegungen zur Selbstbewegung. In U. Illi, D. Breithecker & S. Mundigler (Hrsg.), *Bewegte Schule, Gesunde Schule* (S. 212-222). Zürich, Wiesbaden, Graz: IFB.

Marlovits, A.M. (1999). Motivationale Strukturen des Sportstudierens. In D. Alfermann & O. Stoll (Hrsg.), *Motivation und Volition im Sport. Vom Planen zum Handeln.* (Bericht über die Tagung der Arbeitsgemeinschaft für Sportpsychologie vom 21.-23. Mai 1998 in Leipzig) (S. 153-158). Köln: bps.

Marlovits, A.M., Mai, K. (1999b). Formel-1 - Wenn Seelisches auf Touren kommt. *Zwischenschritte 18* (2) 48-57.

Maslow, A. (1973). *Psychologie des Seins. Ein Entwurf.* München: Kindler.

Massimi, F., Csikszentmihalyi, M. & Delle Fave, A. (1995). flow und biokulturelle Evolution. In M. & I.S. Csikszentmihalyi (Hrsg.). *Die außergewöhnliche Erfahrung im Alltag. Die Psychologie des flow-Erlebnisses* (S. 77-101). Stuttgart: Klett-Cotta.

Meili, R. (1957). *Anfänge der Charakterentwicklung.* Methoden und Ergebnisse einer Längsschnittuntersuchung. Bern: Huber.

Merleau-Ponty (1966). *Phänomenologie der Wahrnehmung.* Berlin: de Gruyter.

Noga, T. (1999). Hurra, eine Röhre! *Neue Zürcher Zeitung* vom 12./13. Juni 1999, 45.

Nitsch, J. R. & Allmer, H. (1985) (Hrsg.). *Emotionen im Sport. Zwischen Körperkult und Gewalt.* (Bericht über die Tagung der asp vom 8.-10. Sept. 1994 in Köln anläßlich ihres 25jährigen Bestehens). Köln: bps.

Nitsch, J.R. (1986). Zur handlungstheoretischen Grundlegung der Sportpsychologie. In H. Gabler, J.R. Nitsch & R. Singer (Hrsg.), *Einführung in die Sportpsychologie. Teil 1: Grundthemen* (S. 188-270). Schorndorf: Hofmann.

Petzold, H. (Hrsg.) (1993a). *Integrative Therapie. Modelle, Theorien und Methoden für eine schulenübergreifende Psychotherapie. Bd. 2. Klinische Theorie.* Paderborn: Junfermann.

Petzold, H. (Hrsg.) (1993b). *Integrative Therapie. Modelle, Theorien und Methoden für eine schulenübergreifende Psychotherapie. Bd. 3. Klinische Praxeologie.* Paderborn: Junfermann.

Petzold, H. (1993c) (Hrsg.). *Frühe Schädigungen - späte Folgen. Psychotherapie und Babyforschung. Bd. 1. Die Herausforderung der Längsschnittforschung.* Paderborn: Junfermann.

Plessner, H. (1983). *Conditio Humana.* Frankfurt a.M.: Suhrkamp.

Prohl, R. (1995). Die Zeitlichkeit der Selbstbewegung. In R. Prohl & J. Seewald (Hrsg.). *Bewegung verstehen: Facetten und Perspektiven einer qualitativen Bewegungslehre* (S. 17-56). Schorndorf: Hofmann.

Prohl, R. & Seewald, J. (1995) (Hrsg.). *Bewegung verstehen: Facetten und Perspektiven einer qualitativen Bewegungslehre.* Schorndorf: Hofmann.

Prüfer, O. (1998). *Tennis zum Selbst. Geistige Grundlagen eines humanen Tennislehrweges.* Hamburg: Lietzberg.

Röthig, P. (1990). Betrachtungen zur Körper- und Bewegungsästhetik. In E. Bannmüller & P. Röthig (Hrsg.), *Grundlagen und Perspektiven ästhetischer und rhythmischer Bewegungserziehung* (S. 85-97) Stuttgart: Klett.

Sack, H.-G. (1982). Sport und Persönlichkeit. In A. Thomas (Hrsg.), *Sportpsychologie. Ein Handbuch in Schlüsselbegriffen* (S. 148-165). München, Wien, Baltimore: Urban & Schwarzenberg.

Salber, W. (1969). Strukturen der Verhaltens- und Erlebensbeschreibung. In: *Enzyklopädie der geisteswissenschaftlichen Arbeitsmethoden. Methoden der Psychologie und Pädagogik* (S. 3-52). München, Wien: Oldenbourg.

Salber, W. (1973). *Entwicklungen der Psychologie Sigmund Freuds. Bd. 1.* Bonn: Bouvier.

Salber, W. (1974). *Entwicklungen der Psychologie Sigmund Freuds. Bd. 3.* Bonn: Bouvier.

Salber, W. (1977). *Kunst-Psychologie-Behandlung.* Bonn: Bouvier.

Salber, W. (1981). *Wirkungseinheiten.* Köln: Moll & Hülser.

Salber, W. (1983). *Psychologie in Bildern.* Bonn: Bouvier.

Salber, W. (1986a). *Morphologie des seelischen Geschehens.* Köln: Tavros.

Salber, W. (1986b). Der Alltag ist nicht grau. Zu einer psychologischen Theorie des Alltags. In *Zwischenschritte 5* (2) (S. 39-57).

Salber, W. (1988). *Der psychische Gegenstand. Untersuchungen zur Frage des psychologischen Erfassens und Klassifizierens.* Bonn: Bouvier.

Salber, W. (1989). *Der Alltag ist nicht grau. Alltagspsychologie.* Bonn: Bouvier.

Salber, W. (1997). *Traum und Tag.* Bonn: Bouvier.

Sander, F. (1962). Experimentelle Ergebnisse der Gestaltpsychologie. In F. Sander & H. Volkelt (Hrsg.). *Ganzheitspsychologie. Grundlagen, Ergebnisse, Anwendungen* (S. 73-112). München: Beck.

Sartre, J.P. (1962). *Das Sein und das Nichts.* Reinbek: Rowohlt.

Sato, I. (1995). Bosozoku: flow in japanischen Motorradbanden. In M. & I.S. Csikszentmihalyi (Hrsg.). *Die außergewöhnliche Erfahrung im Alltag. Die Psychologie des flow-Erlebnisses.* (S. 111-138). Stuttgart: Klett-Cotta.

Scherer, K.R. (1995). Aktuelle Kontroversen in der Emotionsforschung: Implikationen für die Sportpsychologie. In J.R. Nitsch & H. Allmer (Hrsg.). *Emotionen im Sport. Zwischen Körperkult und Gewalt* (Bericht über die Tagung der asp vom 8. bis 10. September 1994 in Köln anläßlich ihres 25jährigen Bestehens) (S. 52-68). Köln: bps.

Schierz, M. (1995). Bewegung verstehen - Notizen zur Bewegungskultur. In R. Prohl & J. Seewald (1995) (Hrsg.). *Bewegung verstehen: Facetten und Perspektiven einer qualitativen Bewegungslehre* (S. 99-118). Schorndorf: Hofmann.

Schilder, P. (1923). *Das Körperschema.* Berlin: Springer.

Schipperges, H. (1975). *Am Leitfaden des Leibes - Zur Anthropologik und Therapeutik Friedrich Nietzsches.* Stuttgart: Klett.

Schmitz, H. (1989). *Leib und Gefühl. Materialien zu einer philosophischen Therapeutik.* Paderborn: Junfermann.

Schönhammer, R. (1991). *In Bewegung. Zur Psychologie der Fortbewegung.* München: Quintessenz.

Schönhammer, R. (1994). Laufbilder - zur Kinästhesie des Joggens. In R. Stach (Hrsg.), *Zur Psychologie des Laufens* (S. 72-88). Frankfurt a. M.: Fischer.

Schönhammer, R. (1999). Psyche, Körper, Dinge - Eine existentielle Perspektive. In U. Fuhrer & I.E. Josephs (Hrsg.). *Persönliche Objekte, Identität und Entwicklung.* (S. 170-189). Göttingen: Vandenhoeck & Ruprecht.

Schulze, G. (1992). *Die Erlebnisgesellschaft. Kultursoziologie der Gegenwart.* Frankfurt a.M.: Campus.

Semler, G. (1994). *Die Lust an der Angst - Warum Menschen sich freiwillig extremen Risiken aussetzen.* München: Heyne.

Singer, R. (1986). Sport und Persönlichkeit. In H. Gabler, J.R. Nitsch & R. Singer (Hrsg.), *Einführung in die Sportpsychologie. Teil 1: Grundthemen* (S. 145-187). Schorndorf: Hofmann.

Spitz, R. (1923). Wiederholung, Rhythmus, Langeweile. *Imago 23* (2), 171-196.

Stern, D. (1992). *Die Lebenserfahrung des Säuglings.* Stuttgart: Klett-Cotta.

Straus, E. (1956). *Vom Sinn der Sinne. Ein Beitrag zur Grundlegung der Psychologie.* Berlin, Göttingen, Heidelberg: Springer.

Straus, E. (1960a). Das Zeiterlebnis in der endogenen Depression und in der psychopathischen Verstimmung. In E. Straus (Hrsg.), *Psychologie der menschlichen Welt. Gesammelte Schriften* (S. 126-140). Berlin, Göttingen, Heidelberg: Springer.

Straus, E. (1960b). Die Formen des Räumlichen. Ihre Bedeutung für die Motorik und für die Wahrnehmung. In E. Straus (Hrsg.), *Psychologie der menschlichen Welt. Gesammelte Schriften* (S. 141-178). Berlin, Göttingen, Heidelberg: Springer.

Strauß, B. & Jürgensen, S. (1998). Facetten des Zuschauers. In B. Strauß (Hrsg.). *Zuschauer* (S. 7 - 26). Göttingen, Bern, Toronto: Hogrefe.

Tamboer, J. (1979). Sich-Bewegen - ein Dialog zwischen Mensch und Welt. *Sportpädagogik 3* (13), 14-19.

Thiele, J. (1990). *Phänomenologie und Sportpädagogik. Exemplarische Analysen.* St. Augustin: Academia-Richarz.

Thiele, J. (1995). „Mit anderen Augen" - Bewegung als Phänomen verstehen. In R. Prohl & J. Seewald (1995) (Hrsg.). *Bewegung verstehen: Facetten und Perspektiven einer qualitativen Bewegungslehre* (S. 57-76). Schorndorf: Hofmann.

Thomae, H. (1944). *Das Wesen der menschlichen Antriebsstruktur.* Leipzig: Barth.

Thomas, A. (1995). *Einführung in die Sportpsychologie.* Göttingen, Bern, Toronto: Hogrefe.

Tiwald, H. (1984). *Budo-Ski. Psychotraining im Anfängerskilauf.* Ahrensburg: Czwalina.

Tiwald, H. (1996a). *Die Kunst des Machens oder der Mut zum Unvollkommenen. Die Theorie der Leistungsfelder und der Gestaltkreis im Bewegenlernen.* Hamburg: Lietzberg.

Tiwald, H. (1996b). *Vom Schlangeschwung zum Skicurven. Die 'Einbein-Methode' als Anfängerlehrweg im alpinen Skilauf.* Hamburg: Lietzberg.

Tiwald, H. (1997). *Bewegen zum Selbst. Diesseits und jenseits des Gestaltkreises.* Hamburg: Lietzberg.

UFA Sports (1999). *Sport im Fernsehen. Sportarten und Zielgruppen.* Hamburg: Poster.

Weizsäcker, V. v. (1968). *Der Gestaltkreis.* Stuttgart: Thieme.

Winnicott, D.W. (1978). *Familie und individuelle Entwicklung.* Stuttgart: Klett.

Winnicott, D.W. (1985). Übergangsobjekte und Übergangsphänomene. In Donald W. Winnicott. *Von der Kinderheilkunde zur Psychologie. Aus den „Collected Papers"* Bd. 5 (S. 300-319). Frankfurt a.M.: Fischer [Orig. 1951].

Ziems, D. (1996). Thematische Frageperspektiven des tiefenpsychologischen Interviews in der Morphologischen Wirkungsforschung. *Zwischenschritte 15* (2), 75-86.

Der Deutsche Universitäts-Verlag
Ein Unternehmen der Fachverlagsgruppe BertelsmannSpringer

Der Deutsche Universitäts-Verlag wurde 1968 gegründet und 1988 durch die Wissenschaftsverlage Dr. Th. Gabler Verlag, Verlag Vieweg und Westdeutscher Verlag aktiviert. Der DUV bietet hervorragenden jüngeren Wissenschaftlern ein Forum, die Ergebnisse ihrer Arbeit der interessierten Fachöffentlichkeit vorzustellen. Das Programm steht vor allem solchen Arbeiten offen, deren Qualität durch eine sehr gute Note ausgewiesen ist. Jedes Manuskript wird vom Verlag zusätzlich auf seine Vermarktungschancen hin überprüft.

Durch die umfassenden Vertriebs- und Marketingaktivitäten, die in enger Kooperation mit den Schwesterverlagen Gabler, Vieweg und Westdeutscher Verlag erfolgen, erreichen wir die breite Information aller Fachinstitute, -bibliotheken, -zeitschriften und den interessierten Praktiker. Den Autoren bieten wir dabei günstige Konditionen, die jeweils individuell vertraglich vereinbart werden.

Der DUV publiziert ein wissenschaftliches Monographienprogramm in den Fachdisziplinen

Wirtschaftswissenschaft   Psychologie
Informatik   Literaturwissenschaft
Kognitionswissenschaft   Sprachwissenschaft
Sozialwissenschaft

www.duv.de

Änderungen vorbehalten.   Abraham-Lincoln-Str. 46
Stand: 1.7.2000   65189 Wiesbaden